사주 사랑을 디자인하다

21세기 연애 결혼의 지침서
"사주를 알면 사랑이 보인다."

사주 사랑을 디자인하다

발행일	2018년 8월 10일		
지은이	최 제 현		
펴낸이	손 형 국		
펴낸곳	(주)북랩		
편집인	선일영	편집	권혁신, 오경진, 최승헌, 최예은, 김경무
디자인	이현수, 김민하, 한수희, 김윤주, 허지혜	제작	박기성, 황동현, 구성우, 정성배
마케팅	김회란, 박진관, 조하라		
출판등록	2004. 12. 1(제2012-000051호)		
주소	서울시 금천구 가산디지털 1로 168, 우림라이온스밸리 B동 B113, 114호		
홈페이지	www.book.co.kr		
전화번호	(02)2026-5777	팩스	(02)2026-5747

ISBN   979-11-6299-275-3 04180 (종이책)   979-11-6299-276-0 05180 (전자책)
        979-11-6299-274-6 04180 (세트)

이 도서의 국립중앙도서관 출판예정도서목록(CIP)은 서지정보유통지원시스템 홈페이지(http://seoji.nl.go.kr)와
국가자료공동목록시스템(http://www.nl.go.kr/kolisnet)에서 이용하실 수 있습니다.
(CIP제어번호: CIP2018024855)

사주로 푸는 결혼과 연애 해설서

사주 사랑을 디자인하다

최제현 지음

연애와 결혼을 하지 않는 청춘들이여, 이 책을 보라!
이 세상에서 가장 불쌍한 사람은 실패한 사람이 아니라
아무것도 하지 않는 사람이란 말이 있지 않은가.
출산율 0%대의 시대라지만,
본인에게 맞는 사랑과 결혼을 하도록 이 책은 길을 열어줄 것이다.

북랩 book Lab

이 책의 특징

1. 사랑, 결혼에 관한 실질적인 도움을 사주를 통해 전달했다.

2. 사주를 통해 배우자 선택의 실질적인 기준을 마련했다.

3. 기존 궁합방식을 새롭게 재탄생시켜 적중률을 높였다.

4. 사주명리의 기본에 충실했고 불필요한 고전 이론은 모두 제거했다.

5. 기존 사주 책처럼 어렵고 딱딱하지 않고 쉽고 재미있다.

6. 문장이 문학적이고 비유적이어서 수필처럼 쉽게 읽을 수 있다.

7. 사주전문용어를 최대한 자제하고 일반적인 언어를 사용하였다.

8. 비유와 적절한 예제로 사주개념을 명확하게 이해할 수 있게 했다.

9. 핵심 내용을 쉽게 풀어 누구나 이해할 수 있도록 구성되어 있다.

10. 사주 통변에 관한 모든 비법을 낱낱이 공개했다.

장미가 다른 이름으로 불린다 해도
달콤한 향기엔 변화가 없을 거예요
로미오, 이름이 로미오가 아니더라도
이름과는 상관없이 사랑스러운
완벽함을 간직할 거예요
로미오, 그대의 이름을 버려요.

사랑은 어쩔 수 없었다.
밤새 너의 이름을 수없이 지웠지만
더욱 투명해지는 한 가지
너를 담았던 나의 심장의 소리.

사랑은 세상에서
가장 어쩔 수 없는 그것.

'사랑은 무의식이 만들어 낸 꿈'

심장을 빨리 뛰게 하는 　**노르에피네프린**
행복감을 느끼게 하는 　**도파민**
친밀감을 느끼게 히는 　**옥시토신**
스킨십을 하고 싶게 하는 　**페니레트라민**

-사랑을 만드는 호르몬 일동-

자신의 의지대로 되지 않는 것이 '연애감정'이다.
이는 본능적인 무의식의 발현이기 때문이다.
호르몬에 의한 화학적 반응이란 면에서는 일종의 중독현상인데
연애감정이 유지되는 동안은 이것들이 내 마음을 지배한다.

사주에서 연애감정을 담당하는 오행은 화목(火木)이다.
따라서 화목(火木)이 없는 사람은 운(運)에서
들어오지 않는 한 연애에 대한 관계의지가 생기지 않는다.

화목(火木)은 관계의지고 확산 발산하려는 기운이다.
그래서 연애도 화목(火木)이 있는 사람이 잘한다.
그렇다면 사주에 화목(火木)이 없는 사람은 연애를 못 한다?
운(運)에서 들어오지 않는 한 연애감정이 만들어지지 않는다.
설령 연애를 하더라도 피동적이고 뜨거워지지 않는다.
뜨거워지지 않는 연애는 우정이지 사랑이 아니다.

연애할 때는 미칠 듯이 뜨겁게 해야
마음도 영혼도 정화가 된다.

무의식이 만들어 낸 최고의 선물 '사랑',
화목운(火木運)과 합운(合運)이 만날 때 가장 아름답게
타오를 수 있다.

목차

1장_ 사주, 사랑을 디자인하다

4장 _ 사주, 과학을 디자인하다

5장_ 사주, 12운성을 디자인하다

6장_ 사주, 궁합(宮合)을 디자인하다

- since 2006~ 최제현의 과학사주
  https://blog.naver.com/jun6534
- since 2006~ 최제현의 사주이야기
  https://cafe.naver.com/choissajustory
  (사주공부와 상담이 가능합니다)

❀ 내 사주 만들어 보기 ❀

사주팔자(四柱八子)는 연월일시(年月日時) 4개의 기둥이 음양(陰陽)으로 나누어져서 8개의 오행으로 변환된 상태를 말한다.

사주명식(命式)은 10분 정도만 투자하면 누구나 쉽게 만들 수 있다.

사주를 만들려면 우선 자신의 생년월일시를 알아야 한다.

◇ 순서대로 4단계만 거치면 자신의 사주 명식이 완성된다.

"가장 먼저 만세력(萬歲曆)을 준비한다."

1단계 본인의 생년월일을 정확하게 적는다.

《《《 방향

태어난 시(時)	태어난 일(日)	태어난 월(月)	태어난 년(年)
11시50분	5일	5월	1994년

예1) 양력 여성 1994년 5월 5일, 오전 11시 50분 출생

2단계 만세력(萬歲曆)을 보고 해당 오행을 기입한다.

순서는 태어난 연도, 태어난 월, 태어난 일, 순으로 기입한다.

《《《 방향

태어난 시(時)	태어난 일(日)	태어난 월(月)	태어난 년(年)
11시50분	5일	5월	1994년
	신(辛)	무(戊)	갑(甲)
	묘(卯)	진(辰)	술(戌)
	신묘일(辛卯日)	무진월(戊辰月)	갑술년(甲戌年)

3단계 일(日)의 천간(天干)을 보고 태어난 시(時)를 기입한다.

일간 신(辛)과 오전 11시 50분을 아래 시간조견표(時間早見表)를 대입하여 보자.

신(辛)과 오전 11시 50분을 대입하면 갑오(甲午)시에 해당된다.

태어난 시(時)	태어난 일(日)	태어난 월(月)	태어난 년(年)
11시50분	5일	5월	1994년
갑(甲)	신(辛)	무(戊)	갑(甲)
오(午)	묘(卯)	진(辰)	술(戌)

예2)의 일주의 천간이 신(辛)이다.

⊙ 시간조견표(時間早見表)

시간 조견표	(甲)갑 (己)기	(乙)을 (庚)경	(丙)병 (辛)신	(丁)정 (壬)임	(戊)무 (癸)계
자시(子時)(23~01)	甲子(갑자)	丙子(병자)	戊子(무자)	庚子(경자)	壬子(임자)
축시(丑時)(01~03)	乙丑(을축)	丁丑(정축)	己丑(기축)	辛丑(신축)	癸丑(계축)
인시(寅時)(03~05)	丙寅(병인)	戊寅(무인)	庚寅(경인)	壬寅(임인)	甲寅(갑인)
묘시(卯時)(05~07)	丁卯(정축)	己卯(기묘)	辛卯(신묘)	癸卯(계묘)	乙卯(을묘)
진시(辰時)(07~09)	戊辰(무진)	庚辰(경진)	壬辰(임진)	甲辰(갑진)	丙辰(병진)
사시(巳時)(09~11)	己巳(기사)	辛巳(신사)	癸巳(계사)	乙巳(을사)	丁巳(정사)
오시(午時)(11~13)	庚午(경오)	壬午(임오)	甲午(갑오)	丙午(병오)	戊午(무오)
미시(未時)(13~15)	辛未(신미)	癸未(계미)	乙未(을미)	丁未(정미)	己未(기미)
신시(申時)(15~17)	壬申(임신)	甲申(갑신)	丙申(병신)	戊申(무신)	庚申(경신)
유시(酉時)(17~19)	癸酉(계유)	乙酉(을유)	丁酉(정유)	己酉(기유)	辛酉(신유)
술시(戌時)(19~21)	甲戌(갑술)	丙戌(병술)	戊戌(무술)	庚戌(경술)	壬戌(임술)
해시(亥時)(21~23)	乙亥(을해)	丁亥(정해)	己亥(기해)	辛亥(신해)	癸亥(계해)

4단계 완성한 자신의 사주명식(四柱命式)

자신의 운명의 비밀이 모두 이 안에 녹아 있다.

시(時)	일(日)	월(月)	년(年)
갑(甲)	신(辛)	무(戊)	갑(甲)
오(午)	묘(卯)	진(辰)	술(戌)

예3) 완성된 사주 명식

사주는 사람의 바코드이다. 누구나 자신만의 바코드가 있고,
그 안에는 무한한 정보들이 숨겨져 있다.

용어해설
사주(四柱) : 자신이 태어난 년(年)월(月)일(日)시(時) 4개의 기둥
천간(天干) : 오행(五行)을 음양(陰陽)으로 구분한 10개의 간(干)
지지(地支) : 오행(五行)을 음양(陰陽)으로 구분한 12개의 지(支)
간지(干支) : 천간(干) + 지지(支) = 간지(干支)

※ 인터넷에서 무료만세력을 이용하면 손쉽게 자신의 사주명식을 만들 수 있다.

제1장

사주,
사랑을 디자인하다

1. 소개팅 전에 사주 궁합 보기

만일 당신에게 소개팅이 들어왔다면
가장 먼저 궁금해 하는 것은 3가지 정도일 것이다.

여성의 경우
첫 번째, 뭐 하는 사람이래? (직업),
두 번째, 가족관계는? (집안환경)
세 번째, 키는? (인물을 포함한 질문)이고,

남성의 경우
첫 번째, 이뻐? (인물)
두 번째, 진짜 이뻐? (인물)
세 번째, 사진 좀 보내봐? (인물)이다.

실제로 남녀 간의 만남에서 상호 호감도가 결정되는 시간은 불과 4초
~1분 사이라는 조사 결과가 발표된 바 있다. 즉 남녀 호감도는 수학적인
계산이나 논리가 적용되지 않는 순수한 무의식의 세계라는 것이다.

즉 의식이 아닌 무의식이 결정하는 것으로 **'첫눈에 반했다'**에는 "**내가
너를 보는 순간 이미 내 의지와 관계없이 내 무의식이 너를 결정했나**"는
의미가 담겨 있다.

그러나 문제는 바로 이 시점부터 발생하며 사랑의 흑역사도 무의식 때
문에 문이 활짝 열린다. 무의식은 본능계의 작용이다.

그러나 결혼은 냉혹한 현실이고 의식과 이성의 세계이다.

본능으로 결정한 안목은 불필요한 물건을 충동 구매하는 것과 같다.
충동구매는 후회 또는 반품의 흔적으로 남게 된다.

> 연애와 결혼은 전혀 다른 분리된 세계이다.
> 연애는 무의식 결혼은 의식
> 연애는 감성계 결혼은 이성계의 영역이다.

그래서 혼인(婚姻) 전에 궁합(宮合)을 보는 이유도 바로 이러한 신뢰성 없는 무의식을 보완하기 위해서이다.

실제 통계를 보면 잘못된 무의식의 결정으로 인해 혼인하고 후회하는 비율이 50% 이상이다.

즉 둘 중 한 명은 '내 눈의 콩깍지'를 원망하며 산다는 것인데 심지어 '내 눈의 콩깍지'는 재혼 때도 또다시 작동한다는 것이 특이한 점이다.

한 번의 경험을 실패 삼아 잘 선택할 것 같지만 결과는 비슷하다.

인간은 같은 실수를 되풀이하는 구조가 뇌에 인식되어 있기 때문이다.

그래서 재혼할 때에는 더욱 자신의 안목보다는 객관적인 조건을 분석한 후 혼인해야 후회가 없다.

대개 결혼 적령기 남녀의 소개팅 횟수는 1년에 약 10~20회에 이른다고 한다.

그런데도 운명의 짝을 만날 확률은 10% 미만이란 통계가 있다.

이것은 21세기의 고도화 된 과학시대를 살고 있는 청춘들에게 있어서는 안 될 시간 낭비이다.

이것을 단번에 해결할 방법이 있다. 바로 소개팅 전에 사진과 함께 조선시대 사대부의 혼담처럼 '사주'를 보내는 것이다.

미리 사주를 보고 궁합을 보는 것이다.

조선 시대보다도 더 비능률적인 현대의 소개팅 체계를 보면 우리 조상님들이 참 현명했다는 생각이 든다.

실제로 조선 시대에는 사주단자를 교환한 다음 궁합이 맞지 않으면 혼담 자체를 파기했다는 기록이 있다.

이제 소개팅하기 전에 사주를 상호 교환하여 시간 낭비 마음 낭비를 하지 말자. 첫눈에 반한 다음 정들면 궁합(宮合)이 나빠도 하는 수 없이 결혼하는 경우가 많은데 이는 사전에 이혼을 예고한 시한부 혼인으로 시작한 것과 같다.

사주와 궁합이 맞지 않으면 이혼 가능성은 50% 이상이다.

필자에게도 결혼날짜까지 잡아 놓고 궁합을 보러 오는 예비 신랑 신부가 있는데 혼자가 아닌 둘이 같이 방문했을 때 궁합이 좋으면 상담하기가 편하지만, 그 반대일 경우에는 상담하기가 매우 난감하다.

어느 정도 나쁜 것은 서로 양보하면서 살라고 격려하지만 최악의 궁합이면 할 말이 딱히 없는 것이 사실이다.

더구나 한 쪽 사주가 지나치게 나쁘다면 궁합은 볼 필요도 없이 바로 업상대체(業象代替)로 사주를 중화(中和)시키라고 권유하기도 한다.

업상대체(業象代替)란 직업을 통하여 사주의 나쁜 기운을 빼주는 역할을 하는 것이다.

즉 업상대체가 안 되면 결혼하지 말라는 의미가 담겨있는 것이다.

결혼정보업체에서도 학력, 집안 등의 조건을 보는 것보다도 궁합을 보고 연결시켜주는 것이 훨씬 이상적인 결혼 생활이 된다는 것을 알았으면 한다.

궁합 적합도가 높은 사람들이 만나면 결혼 생활의 절반은 이미 성공한 것으로 봐도 무방하다.

혼인에 있어 어떤 조건이나 개인 성향보다 개인 사주와 궁합이 우선시되는 날이 오기를 기대해 본다.

실제 궁합이 맞는 부부가 이혼하는 경우는 극히 드물다.

궁합은 상호보완의 의미로 내가 가지지 못한 것들을 상호작용을 통해 채워가는 과정이다.

2. 사랑의 의미

존경심이 있는 사랑

지금부터 20년 전쯤 필자가 사주 공부를 막 시작했을 무렵이다.

지금도 왕성하게 활동하고 계신 스님 상담가 한 분이 내 운(運)을 잘못 해석하여 흉운(凶運)을 길운(吉運)으로 판단했던 적이 있었다.

그해 그 상담을 믿고 투자했다가 큰 손실을 보았던 기억이 있는데 그 후 다시 찾아가서 확인했지만, 정답은 알 수 없었다.

누구나 실수를 할 수 있다. 그러나 중요한 것은 자신도 틀릴 수 있으므로 겸손해야 한다는 것이다.

사주는 자연과학이 아닌 인문과학이다.

명확하게 수치로 나올 수 없는 학문이라는 것이다.

자연과학인 기상청의 일기예보도 30% 이상 오보가 있다.

따라서 사주 감정 후에는 자신이 해석한 것이 정확한지 확인과정을 통하여 다시 검증해야 하고 만일 틀렸다면 상담 의뢰자에게 다시 알려줘야 한다.

> 사주는 철학이 아닌 인문학이다.
> 사주는 자연과학이 아닌 인문사회과학이다.
> 사주는 종교성이 없는 순수 학문이다.

이 일을 통해 **필자는** 어떤 학문이든 늘 겸허한 마음과 배운다는 자세가 중요하다는 것을 새삼 느끼게 되었다.

사랑도 마찬가지다.
늘 실수할 수 있고 시행착오를 거치게 되어 있다.
그래서 첫사랑에 성공하는 것은 기적이다.
배우는 연기를 잘하기 위해서 연습을 많이 해야 하지만 사랑에는 연습이 필요 없고 할 수도 없다.

우리가 사랑 앞에서 할 수 있는 유일한 일은 겸손과 믿음이다.
상대에 대한 겸손과 믿음은 척박한 바위에서도 씨앗이 뿌리를 내릴 수 있는 환경을 만들어 준다.
단단한 바위를 뚫을 힘은 작은 초목의 뿌리, 혹은 한 방울씩 떨어지는 낙수의 힘에서 나온다는 것을 잊지 말아야 한다.

인간에 대한 예의, 사랑에 대한 예의는 겸손과 신뢰에서 나온다.
예의와 겸손은 감동으로 표현되고 감동은 사람을 변하게 하는 에너지가 있다.

빵 한 조각 훔친 죄로 혹독한 옥살이를 했던 장발장(Jean Valjean)은 한 신부의 믿음과 자비로 선악을 구분하게 되고 마음이 바뀌어 위대한 지도

자가 된다.

사랑은 존경심이 있을 때 위대하고 찬란해진다.

남녀 사이에도 가장 이상적인 사랑 형태는 '존경심이 있는 사랑'이다.

존경이란 단어 속에는 '**함부로 하지 않는다.**'는 의미가 내포되어 있다.

자연히 예의가 있는 사랑이 되고 그 사랑은 향기를 지닌 품격을 가지게 되는 것이다.

"존경이 빠진 사랑은 지치고 변질되기 쉽다."

자신이 누군지 아는 것이 사랑의 기본이다

사주는 자신이 어떤 사람인지에 대해 객관적인 정보를 제공하고 그에 맞는 우산을 제공해 준다. 사람에게는 눈과 귀가 있지만, 자신의 모습과 소리를 정확히 볼 수도 들을 수도 없다고 한다. 거울을 통해 본 자신의 모습은 실체가 아닌 거울에 반사 투영된 가형(假形)일 뿐이며 자신의 목소리도 입과 귀가 같은 방향에 있어 제대로 들을 수 없다고 한다.

즉 사진이나 녹음된 소리가 다르게 보이고 다르게 들리는 이유는 자신의 실체가 아니기 때문이다.

사주명리는 그런 점에서 매우 유용한 기능이 있다. 내가 누구인지 무슨 일을 해야 하며 어떤 사람을 만나야 하는지 언제 조심하고 언제 창업해야 하는지 등 깨알같이 많은 정보들이 숨겨져 있다. 자신의 사주를 안다는 것은 그러한 정보들을 미리 알고 활용할 수 있다는 것을 의미한다.

내가 누구인지 아는 것은 인생뿐 아니라 사랑에서도 매우 중요하다.

사주는 21세기 미래형 실용학문이다.

3. 짝사랑은 사랑이 아니다

"보이지 않는 사랑을 기다려 본 적이 있는가?"

짝사랑을 해본 사람은 세상에서 가장 외로운 고통이 짝사랑이라고 한다.
흔히 상사병이라고도 하는데 이 병은 약(藥)이 없는 것이 특징이다.

> 남녀 간의 사랑은 상호작용이 포함된 일종의 화학반응이다.
> 혼자 하는 사랑은 상호작용이 빠진 불완전한 감정행위이며
> 진정한 의미에서의 사랑이라고 할 수 없다.

교회 앞에서 빵을 나눠주던 여인의 모습을 보고 베르테르는 깊은 사랑
에 빠진다.

그리고 빠져나올 수 없는 어두운 심연에서 헤매다 결국 죽음을 선택한다.
애절하고 안타까운 한 젊은 남자의 사랑은 어떤 의미가 있는 것일까?
그가 왜 죽음을 선택할 수밖에 없었는지 사주를 통해 해석해 보자.
짝사랑은 크게 두 가지 유형으로 나눌 수 있다.

첫 번째는 베르테르형,
두 번째는 데이트 폭력형과 스토커형
베르테르형은 비극적이지만 아름다움을 지닌 낭만이 있다. 베르테르의
사주는 우선 관성(통제심리)이 잘 발달되어 있으나 식상(표현심리)은 무력했
을 것이다.

또 당시 들어온 운(運)의 합충형살(合沖刑殺)에 의해 일시적 우울증이 발생했을 수도 있다.

베르테르가 로테를 처음 본 순간 사랑에 빠진 것은 심리적 분석으로 보면 사랑이라기보다는 일종의 호르몬으로 인한 화학반응일 가능성이 크다.

즉 개인적 기질이 포함된 무의식의 작용이고 사주적인 해석으로는 강력한 합(合)의 작용으로 볼 수 있다.

식신이 없을 때 운(運)에서 관성의 작용이 심화될 경우, 자신을 지나치게 통제하는 심리작용이 폭발하여 오히려 억제가 불가능해지는 상태에 돌입하게 되는데 이로 인해 극단적인 성향이 나타날 수 있다.

이는 풍선에 바람을 계속 불어넣는 현상과 비슷하다.

어느 순간 한계점에서 터질 수밖에 없다.

사주에서 참는 것은 최선이 아닌 최악이 되는 것이다.

필자는 이를 **'관성의 역설'**이라고 이름 지었다.

관성은 자신을 통제하는 무기이면서 자신을 공격하는 흉기도 되기 때문이다.

> 사주는 "in-out"이 잘되어야 건강하다.
> 참는 것은 in, 발산하는 것은 out이다.

그의 죽음은 안타까운 일이지만 사랑 때문이 아닌 **'관성의 역설'**이 죽음의 원인일 수도 있다.

이러한 베르테르 효과는 실제 실연당하고 자살하는 유형 중 가장 많은 숫자를 차지한다.

이때 필요한 것은 자신의 감정 상태가 이상하다는 것을 알아차리는 것이고 필요에 따라 주변 사람이나 전문가의 도움을 받는 것이다.

보통 자살자는 죽음 전에 여러 형태로 신호를 보낸다.

그 신호는 가까운 사람에게 주로 전달되는데 이를 빨리 알아차려야만 아까운 목숨을 구할 수 있다.

두 번째 데이트 폭력형과 스토커형이다.

일종의 가학적 소유욕이 낳은 집착증이다. 집착은 상대를 소유물로 생각하는 데서 시작되는데 이후 소유물을 자기의 입맛에 맞게 길들이려는 습성이 나타난다.

선천. 후천적으로 생성된 이러한 소유의 기질은 약물치료 등 심리적 치료를 받아야 하는 일종의 정신질환이다.

심리적으로는 베르테르형과 정반대로 관성(통제심리)이 없거나 무력하고 겁재(승부욕) 편재(욕심)와 상관(본능)이 우글거릴 가능성이 높다.

결혼하기 전에, 혹은 정식으로 사귀기 전에 반드시 사주를 보아야 하는 이유가 바로 여기에 있다.

- **데이트 폭력과 스토킹(stalking)은 대부분 처음엔 언어 폭력으로로부터 시작하지만 끝내는 강력 범죄로 이어지는 특성이 있다.**
  따라서 초기 대응이 매우 중요하다.
  처음 언어 폭력이 시작될 때 단호하고 강력한 메시지를 줘야 한다.
  스토킹은 자기 스스로 멈출 수 없는 정신질환이기 때문에 주변 사람과 전문가 사법기관 등을 동원하여 강한 심리적 억제력을 주어야 비로소 멈춘다.

"그녀를 사랑했습니다."

자신의 전 여자친구를 16시간 고문하고 살해한 남자친구가 법정에서 한 말이다.

대부분의 스토킹 (stalking)은 전혀 모르는 사람이 아닌 잘 알 거나 한때 친밀했던 사람이 저지르는 특징이 있다.

전 남자친구, 전 남편, 아는 오빠, 학교 선배, 교회 오빠 등 경계도가 낮은 사람들에게서 주로 발생한다.

스토킹 (stalking)은 분명한 범죄행위이고 정신병이다.

우리나라 속담 중에 **"열 번 찍어서 안 넘어가는 나무가 없다."**란 말이 있다.

실제 의미는 '여자는 좋아도 당연히 싫은 척'한다는 것인데 유교 문화가 만든 그릇된 산물이라고 할 수 있다.

하지만 그것은 시그널(신호) 자체가 다르다. 좋으면서 싫은 척하는 것은 소위 **'밀당'**이라는 상호작용이고, 스토킹(stalking)은 **'일방적인 감정'**인 것이다.

즉 스토킹과 밀당은 상호작용이냐 일방적인 작용이냐의 차이인데, 대부분의 스토커들은 이를 **'상호작용'**이라고 착각한다.

사주에서는 **'귀문관살', '천라지망', '상관견관'** 일간 (日干)의 충(沖), 무관(無官)사주, 관고(官庫), 다수 합충극(合沖剋) 등이 복합적으로 나타날 때 이런 현상이 일어난다.

따라서 사주만 봐도 **스토커 기질**을 찾아낼 수 있다는 의미이다. 중요한 것은 처음 '**스토킹**'이라는 게 느껴졌을 때 대응 방식이다. "밥 한번 먹자." "차 한잔 하자." 등의 카톡, 문자나 전화 등을 3회 이상 거절했는데도 집요하게 구애를 한다면 스토커 초기 증상으로 판단해야 한다.

그러나 대부분 여성은 '**나를 진짜 좋아하나?**' 이렇게 착각하여 스토킹을 방치하는 경향이 있다.

비극의 씨앗은 여기서 시작된다.

스토킹 (stalking)이란 상대방 의사와 상관없이 지속적으로 따라다니면서 정신적, 신체적 피해를 입히는 행동을 말한다. 구체적으로 특정한 사람을 지정하여 그 사람의 의사에 반한 편지, 전화, 미행, 감시, 집과 직장 방문 등을 통하여 공포와 불안을 타인에게 반복적으로 주는 행위가 이에 해당한다. stalk의 사전적 의미는 '활보하다, 몰래 추적하다.'이다.

스토킹은 초기 단계에서 저지하지 않으면 이후 폭행, 납치, 살인 등의 중범죄로 발전할 가능성이 커진다.

사주명리는 우리의 삶을 보다 행복하게 만들기 위한 아름다운 선택이며 도구이다. 그런 의미에서 사주명리는 최고의 휴머니즘이다.

4. 사랑에 미치다

사랑과 헌신의 차이

'아무도 풀지 못하는 문제를 만드는 것과 그 문제를 푸는
것 중 어느 것이 더 어렵겠는가?'

−히가시노 게이고(東野圭吾)의 소설 『용의자 X의 헌신』 중−

천재수학자 이시가미는 더 이상 삶의 의미를 찾지 못하고 스스로 목숨을 끊으려는 순간 기적처럼 그녀(야스코)가 찾아온다.

그는 그녀를 본 순간 본능적으로 자신에게 새로운 삶의 의미와 가치가 생겼다는 것을 알아챈다. 그는 단순히 사랑이라는 감정을 느낀 것이 아닌 살아야 하는 이유가 생긴 것이다.

그녀는 그의 옆집으로 우연히 이사 온 평범한 이웃이었지만 그에게 그녀는 가족 이상의 의미를 지닌 존재이며 삶의 목적으로 변해 간다.

이혼 후 딸과 함께 사는 친절한 그녀(야스코)에게는 심각한 가정문제가 있었다. 그것은 전 남편의 무차별적인 스토킹과 폭행이었는데 그 일은 결국 '살인'이라는 극단적 사건으로 발전한다.

야스코가 남편의 폭력으로부터 딸을 보호하는 과정에서 실수로 남편을 살해한다. 때마침 찾아온 이시가미는 사건 현장을 보게 되고 망설임 없이 자신이 해야 할 일을 선택하고 실행한다. 이시가미는 그 살인현장을 보면서 침착하게 아무도 풀 수 없는 문제를 만들기 시작한다.

사랑하는 그녀를 위해 그는 완벽하고 디테일한 그녀의 가짜 알리바이를

만드는 것부터 시작한다. 그러나 절대 풀 수 없는 문제는 그의 친구 유카와가 개입되면서 점점 진실에 접근해 간다.

이시가미는 그녀의 완벽한 알리바이를 만들기 위해 자신을 스토커로 만드는 치욕을 감수한다.

그렇게 살인 동기까지 치밀하게 만든 후 스스로 살인범이 되어 자수하고 체포된다.

그러나 그의 친구 유카와는 이시가미가 범인이 아닌 그녀가 범인이라 확신한다.

유카와는 이시가미에게 '왜 그토록 자신을 희생하면서 무조건적으로 그녀를 사랑하는가?'라는 질문을 던진다.

이시가미는 웃음으로 대답을 대신한다.

그리고 결국 이시가미가 만든 어려운 문제는 유카와에 의해 퍼즐이 맞춰진다.

그는 야스코에게 이시가미가 한 일들을 설명해 주고 야스코도 스스로 죄값을 받기로 결심한다. 이렇게 이시가미의 완전범죄는 끝이 난다.

이 소설의 제목은 매우 중요한 의미가 담겨있다.
'용의자 X의 사랑'이 아닌 '용의자 X의 헌신'이라는 것이다.
사랑이 아닌 헌신은 어떤 의미가 있는 것일까?

이시가미는 이 사건을 접하는 순간 자신이 그녀 대신 범인이 되기로 결심했고 그 계획을 위해 자신의 명예까지 훼손시킨다.

그는 사랑하는 그녀의 오해를 받고 스토커가 되는 것조차 마다하지 않는 강렬함을 보여준다.

그러나 보편성을 벗어난 사랑은 위태롭다.

결국 그녀를 위해 했던 일이 그녀를 더욱 수렁 속으로 밀어 넣는 결과를 만들어낸 것이다.

그가 저지른 자기희생 행위는 예수가 인류를 위해 십자가를 지는 형상과도 비슷해 보이지만 위대한 의미가 명확하게 드러나지는 않는다.

이는 목적을 위해 과정이 무시되었기 때문이다.

그녀의 범죄사실을 숨기기 위해 다른 무고한 사람을 죽인 것이다. 목적이 정당성을 가지려면 과정도 도덕적이어야 하는데 그러지 못했다.

그가 지키고자 했던 사랑과 삶의 가치는 이렇게 일순간 무너져 버린다.

이시가미의 헌신은 완벽한 신의 사랑의 모습일까?

아니면 자신의 삶의 가치를 위해 만든 문제에 불과할까?

인간은 누구나 인정받고 사랑받고 싶어 하는 존재이다.

그것을 완벽히 포기하는 것은 남녀 간 사랑의 형태가 아니다.

그래서 이 소설은 사랑이 아닌 헌신에 관한 이야기일지도 모른다.

이시가미는 그녀를 사랑했지만, 그 사랑을 헌신으로 바꾼 것은 사랑이 아니다.

사랑은 맹목적일 때가 아름답지만, 그의 무조건적인 헌신은 사랑이란 이름만으로 완벽하게 풀 수 없는 문제 같은 것이다.

그가 그녀를 위해 만든 문제에는 중요한 한 가지가 빠져 있다.

마음이란 변수이다.

그의 문제를 푼 것은 유카와지만 그 문제가 정답인 것을 확인해 준 것은 '야스코의 양심'이었다.

사랑의 유효기간

> "천국을 맛본 여자는 지상에 내려와 살 수 없다."
>
> -『실락원』-

사랑은 **"천국을 살짝 엿보는 것"**이란 말의 의미만큼이나 설레고 가슴 벅찬 경험이다.

서로에게 미친 듯이 집착하고 집중하다가 어느 순간, 찻잔의 커피처럼 점차 식어간다. 그리고 향기마저 이내 사라져 버리고 만다. 가끔 얼음을 넣어서 아이스 커피(친구, 지인)로 활용하는 경우도 있지만 이는 극히 드문 경우이고 대부분 수챗구멍으로 향하는 운명이 되고 만다. 어째서 처음 느꼈던 뜨거운 사랑은 잘 유지가 안 되는 것일까?

대부분 사랑에 빠졌다가 나오는 시간이 길어야 3년이라고 한다.

짧게는 3개월일 수도 있다.

이 시간은 서로 익숙해지는 과정을 의미한다.

연인 간의 편안함과 익숙함은 서로에 대한 호기심을 없애고 더 이상 자극이 안 되는 상태, 즉 무감각적이고 수동적 감성 상태로 변질시킨다.

또 자신이 만든 환상과 그가 다르게 인식되는 순간, 사랑은 급속도로 냉각된다.

여성의 사랑은 남성과 다르게 존경심만으로도 유지될 수 있다.

살짝 뜬금없는 이야기이지만 부처도 '평정심 유지'가 가장 어려운 일이라고 수보리에게 말씀하신 바 있다. 『금강경』즉 깨달음을 얻는 자도 그 깨달음을 계속 유지하는 것이 매우 어렵다는 것인데 부처도 출가하여 깨달음을 얻기 위한 수행법으로 가장 먼저 참선(參禪)을 선택하셨다. 깊은 내면의 세계에서 '자아'를 찾아내고 평화를 얻었지만 여러 가지 이유로 마음이 다시 흐트러지는 현상이 반복되자 수행법을 바꾸기로 결심하였다.

이후 고행의 수행법으로도 열반에 이르지 못하자 수행방법을 중도(中
道)로 바꾸어 부다가야(Buddhagaya)의 보리수 아래에서 조용한 명상에 들
었다가 7일 만에 드디어 완전한 깨달음을 얻으신다.

즉 사람의 마음은 바람에 일렁이는 파도처럼 늘 흔들리기 때문에 오늘
마음이 내일과 다르고 밤의 마음이 낮에는 흔적도 없이 사라져 버리는 현
상이 반복되는 것이다.

그러나 사실은 사라진 것이 아니라 감춰져 있는 것이다.
**즉 내 마음이 수시로 드러났다가 감춰졌다가 반복되는 것일 뿐 사랑하
는 마음도 미워하는 마음도 원래는 모두 내 안에 있는 것이란 의미이다.**

이러한 마음의 구조를 어떻게 극복할 수 있을까? 유일한 방법은 사주를
알고 이에 적절하게 대응하는 것이다. 이제부터 남녀 간의 흔들리는 마음
을 어떻게 계속 유지할 수 있을지 설명하겠다.

남자와 여자는 우선 마음이 서로 다른 구조라는 것을 인정해야 한다.

남녀의 마음은 서로 틀린 것이 아니라 다른 것이다.
그것을 인정하면 상대를 이해하게 되고 의견이 다르더라도 섭섭하거나
화가 나지 않게 된다.

작가 존 그레이는 "남자는 화성(火星), 여자는 금성(金星)에서 왔기 때문

에 다르다."고 했다.

음양오행에서 화극금(火剋金)이 떠오르는 대목이다. 그러나 금(金)은 화(火)에 의해 쓸모 있게 변화하고, 화(火)는 금(金)을 제련함으로써 자신의 소명을 다한다.

즉 상극(相剋)관계이면서 상호보완관계란 의미이다. 자연이 그러하듯 사주에서도 생극(生剋)은 상황에 따라 길흉(吉凶)이 정해져 있지 않고 수시로 뒤바뀌는 원리로 되어있다.

연애 중인 금성인 여자가 화성인 남자에게 묻는다.

금성녀 "뭐 해?" (속마음: 나 안 보고 싶니? 난 네가 너무 보고 싶다)
화성남 "씻고 밥 먹어." (속마음: 진짜 씻고 밥 먹는 중)

생각하는 뇌 구조가 그렇게 이미 만들어져 있다. 중요한 것은 서로 다르다는 것을 받아들이는 것이다.
그러면 섭섭할 것도 싸울 일도 없다.
피자와 빈대떡 중 피자를 좋아하는 것이 나쁜 것이 아니라는 것이다.

여자의 몸만을 원하는 남자는 삼류이다

남녀 간의 연애가 시작되면 대부분 남자는 여자와 잠자리를 원하고 여자는 남자의 마음을 확인하고 싶어 한다.
이것도 남녀의 신체구조가 다르기 때문에 발생하는 문제점인데 이때 중요한 것은 '신뢰'이다.
성경에서 믿음은 산도 옮길 수 있는 힘이 있다고 했다.

좋아하는 여자가 생겼다면 남자는 절대 서두르지 말고 여자에게 믿음을 심어주어야 한다.

"나는 너를 진심으로 아끼고 존중하며 앞으로도 정성을 쏟는다."라는 확신을 살짝 심어주면 여자는 감동의 선물로 남자에게 시그널을 보낸다.

금성녀 "오빠, 부모님 여행 가셨어. 조금만 더 있다가 가자~!"

(속마음 : 나 오늘 반드시 집에 안 들어갈 거야)

화성남 "벌써 12시 넘었어. 카카오 택시 불러 줄게."

(속마음 : 벌써 12시 넘었어. 카카오 택시 불러 줄게)

여자의 속마음을 빨리 파악하는 것이 중요하다.

여성의 경우 '상관(傷官)'운이나 '관성(官星)'운 '합(合)'운이 들어오면 몸과 마음이 열리는데 이것은 남자의 유혹에 매우 취약해진다는 것을 의미한다.

또 자신의 사주원국에 도화(桃花, 오빠 취약살)가 있고 관성까지 혼잡하게 있으면 못생긴 남자도 다 잘생겨 보이는 착시현상에 빠지기도 한다.

한 마디로 이런 운(運)에서 여자는 자신의 상태를 냉정히 인식하고 남자를 객관적으로 판단해야 후회가 남지 않는다. 물론 좋은 관성 운이 들어오면 "오빠." 하고 달려가도 무방하다.

그 기준은 어떤 운인가에 따라 결정되는 것이다.

남성의 경우는 재성운(財星運)이나 재성(財星)이 합(合)이 될 때 목줄 풀린 견공으로 변하는데 이때 만일 첫 번째 여성을 택하면 재물 운(運)은 상대적으로 약해진다. 남성에게는 **재성이** 여자와 돈을 의미하기 때문이다. 문제는 남자에게 재성 운이 들어오면 먼저 여자가 들어오고 이후에 돈이 들어오는 매우 취약하고 불합리한 구조로 되어있다는 것이다.

때문에 남성에게 좋은 재성 운이 들어올 경우, 남성은 "오빠"라고 부르는 모든 여인을 내 재물을 탈취하려는 겁재(劫財)녀로 인식하고 피해야 한다.

여인을 취하면 재물은 반감된다.

재성의 합(合)은 여성에 대한 욕망이 최대로 극대화되는 시기이다.

미혼인 경우는 혼인 운이 들어온 것이다.

반대로 남자에게 재성(財星)운이 충극형(沖剋刑) 될 때에는
여자가 먼저 떠나고 재물은 순식간에 뒤따라 나간다.

남자의 경우, 재성이 일지(배우자궁)에 충극형(沖剋刑) 될 때에는 한 해 전부터 아내에게 최선을 다해 다가올 위기(이혼)를 대비해야 한다. 남자에게 최악의 운(運)은 **"여자도 떠나고 재물도 떠났는데 직장까지 떠나야 할 때이다."**

그런데 실제로 이 3가지 악재는 동시에 발생하는 경우가 비일비재하다.

따라서 재물이 떠난다는 것은 재물이 나오는 월급이 중단되는 것으로 실직을 의미한다.

비슷한 상황은 관성(官星)이나 식상의 충극(沖剋) 때도 발생하지만 재성(財星)의 충극(沖剋)이 더욱 명확하게 증상이 나타난다.

또 재성 중 편재(偏財)운이 들어오면 확장심리가 발동하여 지금 하려는 일을 확장하려고 하거나 새로운 여자에게 관심이 생기기 시작한다.

연애에서 사랑, 믿음, 소망 중에 제일은 '믿음'이다

남녀 간에도 '신의와 믿음'이 반드시 필요하다.

여자가 가장 싫어하는 남자는 바람피우는 남자가 아니라 비겁한 남자이고 남자가 가장 싫어하는 여자는 못생긴 여자가 아닌 사나운 여자이다. 반대로 여자가 가장 좋아하는 남자는 잘생긴 남자가 아닌 신의와 믿음이 있는 남자이고, 남자가 가장 좋아하는 여자는 신의와 믿음이 있으면서 이쁜 여자이다.

연애에서 사랑의 원천은 신뢰에서 나온다.

결혼생활의 유지도 신뢰가 바탕이 된다.

남녀관계에서도 신뢰는 가장 강력한 흡입력이다.

신뢰가 없는 관계는 사랑도 금세 식어버린다.

신뢰는 책임감이 바탕이 된다.

그래서 약속을 하면 지키려고 최선을 다해야 한다.

그것이 상대에 대한 예의이고 사랑에 대한 고마움의 표시인 것이다.

여자는 남자가 책임지려는 모습에서 강한 사랑을 느낀다.

남자의 사랑과 여자의 사랑이 다른 부분이다.

보호받고 안전하다는 느낌이 들 때 여자의 사랑이 깊어진다.

5. 사랑과 욕망의 차이

"욕망은 억제할수록 증폭되고, 폭력은 욕망에 의해 증폭된다."

영화 '레이디 맥베스'는 그 제목부터 의문투성이다. 그러나 '레이디 맥베스'와 원작 『맥베스』가 어떤 연관성이 있는지 의문이 풀리기도 전에 영화는 관객들을 향해 질문을 던진다.

"그녀의 선택과 행위는 정당화될 수 있을까?"

레이디 맥베스는 17살이라는 어린 나이에 돈 많은 늙은 남자에게 신부로 팔려온다. 그리고 따분하고 어색한 일상은 난로 위의 주전자처럼 그녀의 내재된 욕망을 날마다 증폭시키게 된다.

첫날밤 남편은 그녀에게 옷을 벗으라고 명령한다.
그리고 그녀를 발가벗겨 세워 둔 채 그냥 잠들어 버린다. 이상하고 괴기스러운 남편을 그녀는 무덤덤하게 바라본다. 그녀의 유일한 위안은 감옥 같은 저택 창문을 통해 바깥세상을 바라보는 것이다. 낮이 되면 시아버지는 그녀에게 아들을 낳으라고 다그친다. (하늘을 봐야 별을 따지)그런 생활에 지쳐가던 어느 날, 그녀는 젊은 하인과 격정적인 사랑을 나누고 그녀를 방해하는 요소들을 담담하게 제거해 나간다. 그녀는 시아버지와 남편을 차례로 죽인 후 자신의 욕망을 정성스럽게 실현해 간다.
점차 그녀는 자신의 증폭된 욕망의 소유물이 되어간다.
그녀는 자신의 욕망이 사랑이며 폭력은 사랑을 지키기 위한 정당행위라고 합리화한다.

파멸의 순간에도 후회하거나 주저함 없이 일관성 있게 그녀는 당당하다. 그녀의 살인행위는 사랑이란 이름으로 정당화될 수 있을까?

"욕망은 갖고 싶은 것이 생길 때 강렬한 불꽃이 되지만, 그 강렬한 불꽃 은 갖고 싶은 대상을 모두 태워 버리기도 한다."

영화가 끝난 뒤 잊고 있던 맥베스가 자연스럽게 떠올랐다. 세 마녀의 뒤 틀린 예언(너가 왕이 될 것이다)에 사로잡힌 욕망의 맥베스.

> "인생이란 그저 무대 위를 걸어 다니는 무가치한 그림자,
> 홀로 이야기를 떠들다가 흔적 없이 사라진 배우,
> 아무런 의미 없는 백치들의 이야기."

그는 자신이 저지른 모든 악행을 왕이 되기 위한 수단이라고 정당화하 지만 결국 자신이 그토록 갖고 싶었던 권력(왕)은 그 악행으로 인해 사라 진다.

맥베스의 독백처럼 지나친 욕망으로 인해 허무하게 종결되는 삶은 우리 주변에서도 흔히 볼 수 있다.

그것을 통제하기 위해서는 갖고 싶은 대상이 생겼을 때 우리는 스스로 에게 먼저 질문을 던져야 한다.

그것이 "왜 그토록 갖고 싶은가?"

"왜."라는 질문이 반복될수록 욕망의 크기는 마법처럼 줄어든다. 그것이 마음의 구조이다.

인간의 마음은 바다처럼 넓다가 바늘구멍만큼 작아질 수 있고 봄 햇살처럼 따뜻했다가 화산처럼 온 산을 다 태워 버리는 변덕을 부리기도 한다.

맥베스도 레이디 맥베스도 자신의 욕망을 제어하지 못해 파멸하였다.

사랑과 욕망의 차이는 '나'가 아닌 '너'가 주어가 되는 데 있다.

너를 위해 기꺼이 나의 욕망을 꺾는 것이 사랑이고 쾌락이 나를 삼킬 때까지 달려가는 것이 욕망이다.

부처는 욕망제어 방법으로 팔정도 육바라밀의 실천을 통해 열반(마음에 불/욕망을 끈다)에 이를 수 있다고 하였다(중도(中道)수행).

공자는 학문과 예(禮)를 통해 어진 마음(仁)을 실천하고 과유불급(過猶不及)으로 마음을 중도(中庸)에 놓아 욕망을 억제할 수 있다고 하였다.

사주에서는 억부(抑扶)를 통해 욕망을 제어할 수 있다고 하였다.

억부는 강한 것은 누르고 약한 것은 도와준다는 의미이다.

억부는 중화(中和)와 중도(中道)이다.

즉 욕망제어의 공통분모는 중화(中和), 중도(中道), 중용(中庸) 등 '균형' 임을 알 수 있다.

그리고 그 시작은 작은 의지와 마음에서 출발한다. 마음의 균형은 인생의 균형을 만들고 인생의 균형은 욕망이란 괴물로부터 우리를 보호하고 우리의 삶을 행복으로 인도하는 나침반이 되어준다.

사주에서 욕망은 재성(財星)과 식상(食傷), 제어는 관성(官星)과 인성(印星)이 담당한다.

그래서 식상운이나 재성운이 오면 욕심이 커지고 관인상생(官印相生) 운이 오면 욕망이 통제되고 차분해지는 성향이 있는 것이다.

사주는 우리 마음의 보약이다.

6. 연애 기피 대상 사주

"표현하지 않는 사랑은 사랑이 아니다."

연애 기피대상 남자 1순위는 사주에 식신(食神)과 상관(傷官)이 없는 남자이다. 식상(食傷)은 표현하는 성분이다.

사주에 식상(食傷)이 없다는 것은 표현을 하지 않는 것을 의미한다.

일명 '파충류 인간' 1년간 밥을 줘도 주인에게 꼬리 한 번 흔들어 주지 않는 파충류와 비슷하다고 보면 된다. 자기 볼일이 끝나면 투명인간으로 바로 변신한다. 도대체 무슨 생각을 하는지도 알 수가 없다. **그러나 이런 모습을 연애 때는 절대 알 수 없다.**

"밥 줘", "자자", "애들은?" 등 단어 30개로도 일상의 대화에 불편함이 없는 남자이다.

왠지 먼 길을 혼자 가야 할 것 같은 느낌이 들 것이다.

정관(正官)이 발달한 여성분들은 조건을 보는데 조건만 보다가 심심해서 죽을 수도 있다. 대개 결혼정보회사를 통해 혼인 상대를 구하려는 특징이 있어 필히 검증해야 한다.

검증 방법 1 : 인터넷 무료만세력에 남자 생년월일시(음양력구분)를 넣었을 때 사주팔자 중 식신과 상관이 없으면 패스.

검증 방법 2 : 대화할 때 말을 제대로 못 하면 패스(과묵한 것으로 착각하지 말라).

사주에 식상(食傷)이 없는 남자는 자신의 생각이나 마음을 표현을 못하기 때문에 자유연애가 어렵다.

유일하게 소개팅에서만 만날 수 있는 캐릭터이다.

대단한 조각미남이라면 여성이 먼저 다가갈 수도 있겠지만 그런 경우는 기적에 가까운 경우이고 실제 현실에서는 일어나지 않는다.

소개팅으로 식상이 없는데 잘생긴 남자를 만난 경우, 관상용으로 소장 가치를 느낄 수도 있겠지만 오래가기는 힘들다. 왜? 인간은 감정의 동물이라 조각상과 살 수는 없기 때문이다.

> 남녀의 사랑은 표현해야 꽃처럼 피어난다.
> 사랑이 꽃이라면 표현은 물과 햇살이다.

특히 인성(印星)이 발달한 여자는 "사랑해." 소리를 듣지 못하면 남자의 사랑을 믿지 않게 되며 그 끝은 자연스럽게 이혼이나 이별로 연결된다.

"주기만 하는 사랑은 지치기 쉽고 받기만 하는 사랑은 권태롭다."

사랑은 성장과 균형이다. 상호작용(give♡take)이 있어야 사랑에도 생명력이 생기고 성장한다. 성장이 멈춘 사랑은 이미 사랑이 아닌 것이다.

"절대 피해야 할 기피대상 2순위 남자는 인성(印星)이 많은 사주이다."
사주에서 인성은 수용하는 성분으로 감정 지식 등을 받아들이는 역할을 담당한다. 그래서 인성이 과다한 남자에게 여자란 오직 엄마뿐이다.

받아들이는 것만 잘해서 일명 '캥거루남'이라고도 한다.

늘 엄마 품에 있으려고 하며 엄마 품을 벗어나는 순간 정서적으로 불안감을 느끼게 된다.

마마보이는 애인을 선택할 때도 엄마의 취향을 선택기준으로 삼는다.

사주에서 인성(印星)이 많은 남자는 받는 것은 잘하지만 주는 법은 매우 서툴다. 그래서 받는 것은 익숙하지만 줄 때는 엄마에게 의견을 물어본다. 혼자 세상과 맞닥뜨리는 것을 두려워하는 주머니 속의 캥거루와 같다.

한 마디로 인성(印星)이 과다하면 의존성이 높아져 주변 사람들을 피곤하게 한다.

그러나 여자에게 인성(印星)이 강하면 게으르고 의존성향은 일부 나타나지만 남자처럼 지질해 보이지 않고 오히려 성적 매력으로 발산될 수 있다.

이는 음양(陰陽)의 차이에서 비롯된 것이다.

인성의 활용 유무는 일간(日干)이 얼마나 강한지에 달려있다.

내가 인성을 사용할 힘이 있으면 인성은 나에게 문서화 정형화된 확신을 만들어 주지만 일간이 약하면 인성의 힘에 눌려 의존적으로 변하는 것이다.

균형된 인성(印星)은 내 지식경험의 저장창고로 자존감, 자신감의 근원이다.

그것이 제대로 발현되기 위해서는 내가 주체적인 힘을 가지고 있어야 한다.

그래야 필요할 때 내 마음대로 식상(食傷)을 이용해 꺼내 사용할 수 있기 때문이다.

인성과 식상은 in-out의 관계이다.

따라서 함께 적절하게 있는 것이 좋다.

마마보이 기준
하루에 "엄마"란 단어가 3회 이상 나오면 마마보이 의심. 5회 이상이면 마마보이. 10회 이상이면 정신질환.

⊙ 언어의 한계

언어는 인간 상호 간의 기호화된 약속이지 그 본질을 표현한 건 아니다. 우리가 "사랑해."라고 말했을 때 그 단어의 의미보다 더 중요한 것은 그 단어로 인해 생겨나는 소통의 감정이다.

사주에서 본능적인 소통과 표현은 식상에 의해 발현된다. 누군가를 사랑한다고 표현하는 것은 식상이 양(陽)의 형상으로 변화되는 것을 의미한다. 예를 들어 갑(甲)일간인 남자에게 식상운이 들어왔다고 가정해 보자.

갑(甲)일간에게 오화(午火)와 사화(巳火)가 상관과 식신에 해당한다.

이 둘의 표현방식은 약간 차이가 있으나 자신의 감정을 직설적 오화(午火) 혹은 은유적 사화(巳火)로 표현할 것이다.

문제는 이 남자가 하는 말의 진정성 여부일 것이다. 운(運)에서 들어온 식상의 언어는 가장 변질되기 쉽기 때문이다.

그러나 이것에 현혹되어 잘못된 선택을 하는 경우가 대부분이다

언어는 드러나는 표현도 중요하지만, 그 안에 담긴 마음이 더 중요하다. 그 마음은 식상이 아닌 인성에서 나온다. 인성의 마음은 말이 아닌 행동으로 나타나기 때문에 식상보다 진실하다.

식상(食傷)의 모습은 "사랑해."이고 인성(印星)의 모습은 "사랑해."란 말을 들으며 의미를 부여하고 가슴에 새기는 행위이다.

진실한 마음은 말이 아닌 행동에서 더 뚜렷하게 드러난다는 것을 잊지 말자.

7. 연애와 결혼

결혼에 대한 나만의 착각

사랑은 칼끝에 묻은 꿀과 같다. 달콤함에 취해 혀가 베이는지도 모르는 채 칼날을 탐한다.

어떤 남자를 만났을 때 이렇게 말한다.
"이 남자 참 멋지다. 남성적인 매력이 물씬 풍기는 이 남자는 천상 내 짝."
과연 그럴까?
독약(毒藥)일 가능성이 매우 높다.

결혼 후 가장 많이 후회하며 "내 발등을 찍었지." 하는 상황이 벌어지는 경우가 바로 '비겁(比劫)'이 많은 사주와의 혼인이다.

사주에서 비겁(比劫)은 주체, 고집, 아집, 추진력, 자존심 등을 의미하는데 여성들은 대부분 이것을 남성적이다/멋지다 등으로 잘못 판단한다. 기본적으로 사주에서 비겁은 재성(여자와 돈)을 극(剋)하는 구조이다. 따라서 연애는 몰라도 결혼에서 가장 최악의 남자는 비겁이 많은 남자이다. 비겁이 강한 남자의 가장 큰 문제점은 경제력이 약하다는 것이다. 직장생활도 힘들다. 자존심이 강해 상사의 업무지시에도 엄청난 스트레스를 받기 때문이다. 직장생활을 하기 힘들며 동업이나 단체로 하는 일도 어렵다.
단, 다행히 공직이나 전문직 종사자라면 무난할 수 있다.

연애할 때 비견이 인간적으로 보이는 이유는 공감능력 때문이다. 남의 슬픔과 기쁨을 함께 공감하는 능력이 탁월하고 친구에 대한 의리가 있는 것으로 보이기 때문인데 이는 비견의 좋은 단면만 본 결과이다.

결혼은 현실이다. 사랑만으로 절대 살 수 없다.

그래서 정관(正官)이 있는 여자는 남자를 선택할 때 현재 조건을 반드시 보는 경향이 있다. 이를 두고 인간성보다 조건을 본다고 속물이라는 표현을 쓰는 사람도 있지만, 필자의 생각은 다르다.

매우 현명한 것이다.

"결혼은 사랑이 전부가 아닌 현실과 사랑의 타협이다."

그래서 정관(正官)이 있는 여자는 남편 복이 있다. 냉정한 선택에 대한 선물인 것이다. 실제 연봉 1억 이상 남편과 이혼을 원하는 여자는 거의 없다. 그래도 인생에 '사랑' 빼면 '뭐가 남아' 하는 여성분들도 많이 있다. 주로 편관(偏官)이나 상관(傷官)을 지닌 여성분들인데 통계적으로 **'이혼의 아이콘'**으로 보면 된다.

"진정 사랑하였음으로 나는 행복하였노라."

이것은 시 구절일 뿐 결혼생활의 현실이 아니다.그 이유는 우선 자식을 양육하고 부모를 봉양하고 노후를 대비해야 하기 때문이다. 이 모든 것은 경제력이 뒷받침되어야 가능한 것들이다. **"연애는 하되 결혼을 피해야 하는 남자가 바로 비겁(比劫)이 많은 남자이다."**

그래도 꼭 내가 평강공주가 되어 이 남자와 살아 보겠다는 여성분은 한 가지를 기억해야 한다.

'내가 이 집의 가장이다.'라는 마음가짐으로 살 각오를 해야 한다는 것이다.

진정한 자존심은 내 여자를 아끼고 지켜줄 수 있는 능력이다.

그것이 없는 남자는 폭력적으로 변하거나 비굴해지거나 둘 중 하나이다.

여자의 언어와 남자의 언어는 다르다

남자와 여자의 뇌 구조는 언어만큼이나 다르다.

"남자는 가변성, 여자는 지속성을 지니고 있다."

> **"한낮에 태양이 떠 있다고 달이 사라진 것은 아니다."**

♥ 섭섭한 여자와 답답한 남자의 대화 ♥

여자 우리 그만 헤어져.

남자 왜 뭐 때문에 그러는데?

여자 몰라.

남자 이유를 말해야지 알지.

여자는 섭섭하다는 마음을 "헤어져"라고 표현한 것이며 남자는 "헤어져"를 내가 싫어졌나?라고 받아들인 것이다.

이것은 음양(陰陽)의 차이 때문에 생기는 자연스러운 현상이다.

달은 언제나 그 자리에 있었다.

단지 드러나지 않았을 뿐이다.

드러나 보이는 것을 양(陽)이라고 하고 드러나지 않아 보이지 않는 것을 음(陰)이라고 한다.

드러나지 않은 음(陰)도 실제로는 명확히 존재하는 기운이다. 밤이 되어 어둠이 내리면 달은 조용히 그 모습을 드러낸다.

여자의 언어가 겉으로 의미가 드러나지 않는 이유도 음(陰)의 영역에 있기 때문이다.

반면에 남자는 양(陽)의 영역에 있기 때문에 한낮의 태양처럼 속과 겉이 모두 드러나 있다.

이러한 음양(陰陽)의 차이로 인해 연애가 어렵다고 호소하는 사람들이 실제로 많다.

그냥 음양(陰陽)의 차이를 이해하면 간단하게 해결될 문제임에도 불구하고 끝내 이를 극복하지 못해 이별을 선택하는 모습을 종종 보게 된다.

남자는 왜 바람을 피우는가?

남자의 바람은 여자의 바람과는 다른 특성이 있다.

여성의 바람은 채워지지 않는 부분에 대한 보상적 의미가 있다면 남자의 바람은 양(陽)의 속성에 따른 확산 본능 때문이다.

아무리 완벽한 아내가 옆에 있어도 남자는 새로운 여자를 보면 흔들린다.

이는 유전자 속에 감춰진 코드이다.

동물들도 수컷은 끊임없이 암컷들을 탐하려 든다.

여기엔 어떤 이유도 없다. 그저 양(陽)의 본능을 따르는 것뿐이다.

그렇다면 이러한 남자의 양(陽)의 확산 본능을 억제 조절할 수는 없는 것일까? 물론 방법이 있다.

양(陽)의 확산 본능도 시기와 시점이 있다.

그 시기를 미리 알고 대비한다면 남자의 바람을 막을 수 있다.

남자의 경우, 바람이 나는 시기는 재성운, 재성합운, 식상운, 화목(火木)운 등이 들어올 때이다.

이때 중요한 것은 스스로 억제할 수 있는 의지를 키워주는 것이다.

교육과 수행은 동물적인 본능을 억제해 주는 힘이 있다.

즉 교육을 통해 스스로를 통제할 수 있는 의지를 만들어 주는 것이다.

교육은 시기와 시점, 원인과 결과를 미리 보여주는 것이 가장 효과적이다.

운(運)은 항시 변하는 것으로 지금 이 시기에 하지 말아야 할 일을 하면 어떤 결과가 초래될지 운(運)을 통해 설명해 주는 것이다.

운(運)은 심리적인 변화가 가장 먼저 선행되고, 그다음 사건 사고로 나타난다. 수많은 남자들이 이성에 대한 잘못된 욕망으로 자신을 망가뜨리는 것을 무수히 보았고 앞으로도 보게 될 것이다.

> 바로 그 당사자가 자신이 될 수도 있다는 것을 일깨워줘야 한다.
> 너에게서 나온 것은 너에게로 돌아간다.
>
> －맹자－

남녀의 심리 차이

"음양(陰陽)은 섞이지 않지만 늘 함께 존재한다."

음양(陰陽)은 끊임없이 순환하며 균형을 맞추려는 속성이 있다. 사주도 궁합(宮合)도 모두 **음양의** 법칙에서 출발한다. 그래서 연애를 잘하기 위해서는 **음양의** 차이를 이해하는 것부터 시작해야 한다.

남자는 왜 나이가 들어도 어린애인지?
남자는 왜 이쁜 여자에게 집착하는지?
남자는 왜 내 마음을 몰라주는지?
여자는 왜 말을 정확하게 하지 않는지?
여자는 왜 좋아도 남자의 프로포즈를 기다리지?
여자는 왜 사랑에 빠지면 친구와 멀어지는지?

호감이 가는 이성이 생겨 처음 썸(SOMETHING)을 타고 있을 때 남자는 썸녀에게 지극정성으로 자신의 마음을 표현하려고 한다. 또 여자는 썸남에 대해 '이 남자가 진짜 날 좋아하는지' 탐색한다.
결과는 남자의 의도대로 가는 경우가 대부분이다.
여자는 이 썸남의 진짜 마음을 파악할 수 없다.

"왜냐하면 썸남은 지금 이 순간 드러난 마음일 뿐, 지속되는 마음이 아니기 때문이다."

즉 양(陽)의 속성은 빛이 매시간 각도가 바뀌며 비추는 면이 달라지는 것처럼 마음의 형태가 바뀌기 때문에 지속되기 어렵다. 하지만 음(陰)의 속성은 어둠 속에서 머물며 지속되기 때문에 차이가 있다.

이를 음(陰)의 지속성이라고 한다.

즉 남자는 마음이 잘 변하는 가변성을 지니고 있고, 여자는 마음이 잘 변하지 않는 지속성을 지니고 있다.

그래서 썸녀가 본 썸남의 모습은 실제 모습이 아닌 그냥 그 순간의 모습이었던 것이다.

그래서 연애 중 남자의 말은 믿을 것이 못 된다.

"너만 사랑할 거야"는 "지금 이 시간"이란 단서가 붙는 경우가 많다.

유행가 가사 중 "사랑해. 그 순간만은 진실이었어"라는 가사가 정확히 남자의 마음을 대변해 주는 마음이라고 보면 된다.

연애과정에서 남자의 심리적 가변성은 주로 새로운 여자에 의해 발생된다.

남자는 '내가 왜 이러지? 내가 이러면 안 되는데?'

그러면서도 새로운 여자에게 자꾸 마음이 향한다.

이는 빛의 각도가 시간과 대상에 의해 굴절되는 현상으로 양(陽)의 기본 속성이다.

이때 남자친구를 지킬 수 있는 방법은 사주 구조에 따라 달라지는데 어떤 무기를 사용해야 하는지는 남자 사주를 알아야만 가능하다.

8. 사랑의 성향

일지에 식신(食神)이 있으면 정신적 사랑을 추구하고 상관(傷官)이 있으면 육체적 사랑에 몰입한다.

남녀의 사랑에는 특별한 작용이 있다.

호르몬에 의해 상대를 유혹하는 기능인데 이를 통해 남녀는 단시간 내에 깊은 유대관계를 가지게 된다.

일종의 화학반응이며 연애에서의 화학반응은 **합(合)과 생(生)의 구조로 나타난다.**

합(合)은 상대와 새로운 것을 만들고 싶다는 본능의 표현이고

생(生)은 나에게 없거나 부족한 것을 갖고 싶다는 본능의 발현이다.

사주에서 흔히 일지(日支)에 상관(傷官)을 깔면 여자는 도화(桃花), 목욕(沐浴)의 작용으로 인해 호색(好色)해지고 남자 또한 왕성한 호기심과 발산의 기운으로 인성(印星)의 제어가 없을 경우 성관련 범죄에 노출되기 쉬워진다.

상관은 발산의 기운이 가장 강한 십성(十星)이다.

본능계의 화신으로 아무런 여과장치 없이 즉흥적으로 안의 것들이 쏟아져 나온다.

때문에 상관은 늘 자기 통제를 염두에 두고 행동해야 문제를 예방할 수 있다.

예를 들어 상관일지(傷官日支)를 가진 여성이나 남성이 이성과 술을 마신다고 가정해 보자.

평소에는 아무런 감정도 느끼지 못하는 그냥 평범한 지인 관계이다.

그러나 이들은 즉흥적으로 하룻밤 연인 관계로 발전하고 다음날이면 다시 서먹서먹한 관계로 돌아온다.

이것이 상관의 기질이다.

술에 의해 감성이 극에 달한 상태에서 즉흥성이 발휘된 것이다.

그래서 상관이 강한 사람들은 술을 마실 때 특히 더 조심하고 주의해야 한다.

그에 비해 식신(食神)을 일지(日支)에 둔 사람은 기본 필터링이 작동된다.

같은 본능계이지만 표현방식이 다르다.

자신이 생각하고 계획했던 것들만 필터링되어 나온다.

예를 들어 식신일지(食神日支)를 가진 남녀가 이성과 술을 마신다고 가정해 보자.

식신도 감성이 발현되기 때문에 서로의 매력에 사로잡혀 마음이 설렌다.

그러나 필터링이 작동되어 적당한 선에서 멈춘다.

식신(食神)남자는 택시를 불러주고 식신여자는 감사인사를 카톡으로 남기며 밤을 보낸다.

즉 식신은 관성과 인성의 작용을 일부 가지고 있다.

무조건 나가려는 것이 아닌 한 번 더 생각하고 움직이는 성질이다.

그에 비해 상관은 본능적으로 발산한다.

식신(食神) 상관(傷官)을 일지(日支)에 둔 여성은 성격적, 심리적인 측면에서 자식이 생기기 전후가 완전히 달라지는 데 비해 남성은 시간이 지나도 전혀 바뀌지 않는다.

그것은 식상(食傷)이 여성에게는 자식에 해당하기 때문이다.

즉 여성은 이성애에서 모성애로 바뀌는 과정을 겪는다.

그래서 위대한 모성애가 탄생되는 것이다.

모성은 본능이며 원래 가지고 있었던 것이 발현되는 것인데 이것이 지나치면 집착, 부족하면 무관심으로 나타나게 된다.

여성의 출산은 마음의 구조를 변화시킨다.

상관일지(傷官日支) 여성도 아기를 낳고 나면 식신일지(食神日支) 여성처럼 변한다는 것이다.

이를 두고 득자부별(得子夫別)이라고도 하는데 자식을 얻으면 남편과는 이별한다라는 의미로 실제 이혼을 뜻하는 것이 아니라 남편에 대한 사랑이 자식에 대한 사랑으로 바뀐다는 의미이다.

연애할 때 대부분 남녀는 식신(食神)보다 상관(傷官)에 더 끌린다. 왜냐하면 상관은 에너지가 넘치고 그 기운이 자신을 향한 사랑이라고 착각하기 때문이다.

물론 식신과 상관은 장단점이 있고 두 가지 기질을 모두 지니고 있는 경우가 많이 있다.

남성의 경우 최고의 연애고수는 **'상관(食神)적 기질에 식신(食神)이 접목된 남자'**이다.

이들은 여자의 마음을 훤히 볼 수 있는 탁월한 감각이 있고 그것을 충족시켜줄 막강한 무기를 가지고 있다.

여자는 잘 웃게 해주는 남자와 있을 때 안락함과 행복감을 느낀다.

이는 여자의 음(陰)의 기운이 웃음을 통해 발산되기 때문이다.

심리적 안정감은 물론 건강에도 이롭다.

개그맨의 아내 중 미인이 많은 이유도 조금 연관이 있지 않을까 싶다.

그렇다면 상관(傷官)처럼 열정적이고 즉흥적인 사랑과 식신(食神)처럼 안정적이고 깊은 사랑 중 어떤 상대를 선택해야 후회가 남지 않을까?

정답은 없다.

하지만 둘 중 하나를 꼭 골라야 한다면 식신적인 사랑이다.

왜냐하면 사랑의 궁극은 결혼이고 가정생활이기 때문이다.

즉흥적인 사랑은 가변성이 크기 때문에 금세 변질될 우려가 있다.

연애는 상관(傷官) 남녀와 하고, 결혼은 식신(食神) 남녀와 하는 것이 현명한 방법이 아닐까?

> 일지에 식신(食神)을 둔 여성은 자식에 대한 사랑이 지극 정성이나 집착과 간섭이 강해 며느리와 갈등구조가 생길 가능성이 높고 일지에 상관(傷官)을 둔 여성은 자식에 대한 사랑이 자유분방하여 오히려 자식은 방치하고 자신 위주의 삶을 사는 경우가 많다.

9. 연애의 최대 변수 합충(合沖)

> 탈대로 다 타시오 타다 말진 부디 마오 타고 다시 타서 재
> 될 법은 하거니와 타다가 남은 동강은 쓸 곳이 없소이다.
>
> -이은상, '사랑'-

> 이별이 아픈 건, 다시 볼 수 없기 때문이 아니라 그와 공유한 행복했던 기억들 때문이다.

연애에서 합충(合沖)운이 들어오면 심리가 변화되는데 합(合)은 긍정심리, 충(沖)은 부정심리가 발현된다.

그중 합운(合運)은 최상의 연애감정을 최적화하는 프로그램이다.

예를 들어, 합(合)운이 들어왔을 때 연애를 하면 마음에 콩깍지가 씌워진다.
무엇을 해도 이쁘고 멋지게 보인다.
반대로 충(沖)운이 들어오면 무엇을 해도 짜증이 나고 재미없다.

연애 불변의 정석은 **"참 내 마음대로 안 되네."**이다.
연애의 실패율은 성공률보다 훨씬 높다. 처음에는 좋아서 만났는데 여러 가지 이유로 좋았던 감정이 변화를 일으키기 시작하고 자연스럽게 이별로 종결된다.

그와 같이 감정이나 생각의 변화는 자연현상처럼 그 순서가 일정하지는 않지만 분명히 어떤 원인과 규칙이 내재되어 있다.
그 원인과 규칙을 미리 알 수 있다면 우리는 생각과 감정 변화에 대한 준비를 할 수 있을 것이다.
어쩔 수 없는 변화라면 받아들여야겠지만 이별을 하더라도 격조와 품위를 지키면서 아픔을 최소화할 수 있는 방법이 있다면 그것을 따라야 하기 때문이다.

그 첫 번째 방법은 운(運)에서 들어오는 합충(合沖) 변화가 내 심리와 감정의 변화에 어떤 영향을 미치는지 파악하는 것이다.
연애에서 합충(合沖)은 개인의 심리변화에 막대한 영향을 준다.

합(合)이 들어올 때는 긍정심리가 발현되어 사랑이 시작되고 충(沖)이 들어올 때는 부정심리가 발현되어 이별하게 된다.
그렇다고 합(合)은 좋은 것이고 충(沖)은 나쁜 것만은 아니다.

그저 자연현상처럼 각각의 기능을 할 뿐이다. 합(合)도 지나치게 많아지면 다정도 병(病)처럼 관심이 집착으로 바뀌어 합(合)의 역할이 충(沖)처럼 변질되기도 한다.

그러나 합충(合沖)에 의한 심리변화는 일시적인 경우가 많고 그 시기가 지나면 사라지는 경우가 대부분이다.

즉 부정심리가 작용하는 시기가 지나면 다시 좋아질 수 있다는 의미이다.

따라서 일시적인 현상임을 인지한다면 이별이나 싸움 등은 자제할 수 있게 된다.

합충(合沖)은 짧게는 시운(時運), 일운(日運)부터, 월운(月運), 연운(年運)까지 있다.

연애 심리 변화에 대운(大運)의 영향은 거의 없다고 봐도 무방하다. 우선 시운(時運)은 시시각각 변화되는 그 순간의 마음이고, 일운(日運)은 하루 동안 생기는 심리상태를 의미하며, 월운(月運)은 한 달 동안, 연운(年運)은 일년 동안 생기는 심리상태를 말한다.

이 4가지 운(運)이 수시로 변화하면서 만들어지는 심리상태에 의해 우리 마음도 얼었다가 녹았다가 하는 것이다.

만일 데이트 날이 충(沖)일에 해당한다면 만남을 취소하거나 만나더라도 심리상태가 부정적이라는 것을 인식하고 대응한다면 큰 문제나 갈등 없이 지나갈 수 있을 것이다. 그러나 반대로 아무 대비 없이 그냥 만나 데이트하게 된다면 사소한 일로 갈등구조가 형성될 가능성이 매우 커지는 것이다.

"사랑도 아는 것이 힘이다."

자신의 심리상태를 정확히 알 수 있고 상대방의 심리 상태까지 알 수 있다면 '행복한 연애'가 될 것이다.

자신에게 언제 합충(合沖)이 들어오는지 그 시점을 알기 위해서는 자신의 사주와 운(運)을 알아야 한다.

그리고 미리 달력에 체크하여 사용하면 매우 유용한 연애 팁이 될 것이다.

사랑도 연애도 노력이 있어야 성장한다.
사랑도 연애도 자기 자신을 알고 시작해야 행복해질 수 있다.
성장이 멈춘 사랑은 죽는다.

10. 남녀 배우자 선택의 기준

인생은 B와 D 사이에 C이다.

(인생은 탄생과 죽음 사이에 선택이다)

-샤르트르-

남자에게 배우자를 선택하는 의미는 여성과는 좀 다른 측면이 있다.
여성의 경우, 배우자 선택의 가장 중요한 요소가 '능력'이라면
남자의 경우, 배우자 선택의 가장 중요한 요소는 '인성'이다.

물론 현대사회가 남녀평등시대로 접어들었고 '맞벌이'가 일상화되어 여성이 가장 노릇을 하는 경우도 많아진 것이 사실이지만 그래도 아직 향후 30년은 더 이 논리는 유효하다.

남자의 결혼 조건 중 '능력'은 제1순위이다. 이는 철기시대에 부계사회가 시작된 이후 아직 유효하고 당분간도 쉽게 바뀔 수 없는 구조로 되어있다.

현재 진행되고 있는 '미투(me too)' 운동은 분명히 변화의 시작이기는 하지만 여권(女權)이 신장되는 것과 역할이 바뀌는 것은 전혀 다른 문제이다.

그래서 여성의 제1덕목은 아직까지 '인성(印星)'이다.

왜냐하면 엄마의 인성은 뱃속부터 그대로 '자식'에게 전달되기 때문이다.

또한 부부의 사회적 역할에서도 여성이 우위에 있다 보면 음양(陰陽)의 구조가 깨져서 가정이 유지되기 어려운 이유도 있다.

가정, 사회, 자연, 우주까지 제각기 역할이 있다.

남녀가 함께 사는 결혼이라는 울타리에서도 각자의 역할은 매우 뚜렷하게 정해져 있다.

그 역할을 다하지 못할 경우 갈등이 생기고 갈등이 지속될 경우 이혼으로 연결될 가능성이 높아지는 것이다.

결혼은 일종의 법률 관계이다.

작위와 부작위, 의무와 책임이 있다는 의미이다.

어떤 선택을 하든지 후회는 남는 것이 결혼이다.

따라서 최선의 선택이란 후회를 조금만 하는 것이 아닐까?

운명에는 정답이 없다.

그저 선택에 대한 책임만 있을 뿐이다.

선택을 했다면 그 선택에 대해 책임을 다하는 것이 진짜 최선일 것이다.

※ 실제 상담사례

21살 때 지금의 신랑을 만나 7년간 연애 끝에 결혼했습니다.
결혼과 동시에 다니던 직장도 그만두고 남편을 따라 시댁이 있는 낯선 곳
에서 신혼 생활을 시작했고 이제 2년이 조금 넘었습니다.

연애 때도 별로 말이 없었지만, 오히려 그런 점이 어른스럽고 믿음이 갔
는데 지금은 연애 때 느꼈던 남편의 어른스러움이 숨 막히는 답답함으로
다가옵니다.
남편이 출근한 뒤 종일 남편을 기다리다가 저녁때 잠깐 식탁에서 마주하
는데 말 한마디 없고, 묻는 말에만 겨우 대답합니다.
그러고는 자기 방으로 들어가서 게임만 합니다.

이러려면 왜 결혼했는지 남편에게 화도 나고 나 자신에게도 화가 납니다.
이렇게는 더는 못 살 것 같은 느낌입니다.
대화가 없는 부부가 함께 살 수 있을까요?

실제 상담 사례인데 연애와 결혼의 차이라고 할 수 있다.

연애는 달빛 같고 결혼은 태양 같다.
**연애는 보여주고 싶은 것만 보여 줄 수 있지만 태양은 모든 것이 다 드
러난다.**
**같이 살아보지 않으면 절대 알 수 없는 것들이 판도라의 상자처럼 튀어
나오는 것이 바로 결혼생활이다.**
주로 궁합을 보러온 여성들한테 필자가 농담으로 자주 하는 말이 있다.
"조건만 보면 심심해서 죽을 수도 있습니다."

남자 사주에 식상이 없는 경우이다.

친구 사이에는 대화가 통하지 않아도 된다.

왜냐하면 다른 친구들로 대체할 수 있기 때문이다.

그러나 부부는 대화가 통하지 않으면 지속될 수 없는 관계이다. 따라서 사주에 식상이 없을 경우, 어릴 때부터 자신을 드러내고 표현하는 습관을 길러줘야 한다.

말이 없는 남자가 어른스럽고 멋지게 보이는 것은 양(陽)의 속성을 모르는 여자들의 착시 현상이다.

말이 너무 많은 것도 물론 문제지만 표현을 전혀 안 하는 것은 더욱 문제이다.

음양(陰陽)의 속성상 가장 이상적인 남자는 말수가 적당하면서 여성을 잘 웃게 해주는 남자이다.

여성은 웃어야 음(陰)의 기운이 빠지면서 행복해지고 신체적으로도 건강해진다.

그 대표적인 사주가 '**식신제살(食神制殺)**'이고 차선이 관인상생(官印相生)이다.

'식신제살(食神制殺)' 된 남자는 여자를 배려하고 말도 이쁘게 잘한다.

그러면서도 카리스마가 있고 남자답다.

결혼은 연애와는 다른 세계이다.

연애에는 없었던 것들이 무한 반복되고 내가 상대에게 맞춰야 할 것이 많아진다.

인간과 짐승의 가장 큰 차이는 표현방식이다.

인간은 다양하게 자신의 마음을 표현할 수 있다.

결혼에 있어 최악의 남자는 무식상.
결혼에 있어 최고의 남자는 식신제살.
'식신제살'은 식신과 편관이 함께 있음을 의미한다.

11. 사랑의 선택 1

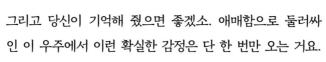

그리고 당신이 기억해 줬으면 좋겠소. 애매함으로 둘러싸
인 이 우주에서 이런 확실한 감정은 단 한 번만 오는 거요.
몇 번을 다시 살더라도 다시는 오지 않을 거요.

-'메디슨 카운티의 다리' -

로버트가 프란체스카에게 한 대사이다.

폭풍 같은 4일간의 사랑, 로버트가 프란체스카에게 함께 떠날 것을 제안하지만 프란체스카는 가족을 선택한다.

프란체스카는 이렇게 말한다.

"누군가와 가정을 이루고 자식을 낳기로 결정한 순간 어떤 면에선 사랑이 시작된다고 믿지만 사랑이 멈추는 때이기도 해요. 살아있는 동안은 남편과 아이들에게 충실했으니 죽어서는 그와 함께하고 싶어요."

톨스토이 작품 중 안나 카레리나의 선택이 강렬한 비극을 아름다움으로 승화시킨 것에 비하면 어떤 면에서 프란체스카의 선택은 비겁해 보일 수도 있을 것이다.

즉 프란체스카의 사랑은 모든 것을 버리고 그 순간 사랑을 선택했던 안나와 비교해서 용기가 없다고 느껴질 수도 있다.

그러나 그녀의 선택도 또 다른 형태의 사랑이며 마땅히 존중받을 가치가 있는 사랑이다.

로버트와 함께 떠나는 것도 사랑이고 남아서 평생 그리움을 느끼며 죽어가는 것도 사랑이라는 것이다.

사랑에도 다양성이 있다. 그것을 어떤 시각으로 해석하는지의 문제일 뿐이다.

이 세상에서 가장 불쌍한 사람은 실패한 사람이 아니라 아무것도 하지 않는 사람이다.

사랑도 마찬가지다.

사랑하지 않는 것보다는 사랑에 실패하는 것이 우리 인생을 더 반짝이게 한다는 것을 잊지 말자.

'진정 사랑하였음으로 나는 행복했노라'

이 구절처럼 인생이든 사랑이든 선택만 있을 뿐 정답은 없다.

다만 자신이 한 선택에 대해 최선을 다하는 모습은 어둠 속에 별빛처럼 자신과 자신이 만든 사랑을 빛나게 할 수 있다.

12. 사랑의 선택 2

안나는 외형적으로 행복한 상류층 부인의 모습이다.

정숙하고 지혜로운 그녀가 한순간 무너진 것은 젊은 장교 브론스키를 만나 사랑에 빠지면서이다.

안나는 선택의 기로에 선다.

자신의 사랑을 포기하고 상류층 부인으로 행복한 척하면서 살 것인지 아니면 모든 것을 희생해서라도 사랑을 택할 것인지에 대해 고민에 빠진다.

그러한 격정과 불안 속에서 안나는 미처 깨닫지 못한 자기 안의 새로운 자신을 발견하게 된다.

그것은 이성과 현실 속에 감추어져 있던 사랑에 대한 갈증과 열정이었다.

> 여성의 경우, 대부분 운(運)의 발현 중 사랑에 빠지는 경우는 관성의 합(合)이 들어올 때와 상관(傷官)이 들어올 때이다. 마음 자체가 몽환적인 구조로 바뀌고 이성에 대한 욕망이 점점 증폭되는 형태를 보인다.
> 이때 만일 식신(食神)이 없거나 상관견관(傷官見官) 되면 파국으로 치닫게 된다.

그녀는 사랑을 선택하면서 현실과도 타협점을 찾으려 노력한다.

이것은 재성의 역할과 성향이다.

그것은 남편과 이혼하지 않으면서 애인과 관계를 유지하는 것인데 안나는 그것을 잘해낼 수 있고 자신이 선택할 수 있는 최선의 방법이라고 생각한다.

그녀에겐 상관의 기질과 재성의 특성도 있었을 것이다.

그렇지만 안나의 타협은 그녀의 생각대로 되지 않고 더 깊은 수렁 속으로 그녀를 밀어 넣는다. 상대의 마음을 헤아리지 못했던 것이다.

양(陽)의 변화하는 속성을 간과한 결과는 배신으로 나타난다. 결국 그녀가 자살이라는 극단적인 방법을 선택하면서 이야기는 끝을 맺는다.

이 소설은 주제와 주제에 대한 역설이 함께 있다.

그저 실연당한 여자의 죽음으로 이야기가 끝나는 것이 아니라 **죽음과 사랑이라는 상반된 주제를 가지고 인간의 근원적 실체에 대해 접근을 시도한다.**

톨스토이는 인간의 근원적인 공포인 죽음에 대해 비교적 상세히 심리 묘사를 하고 있다.

> 안나에게 불안과 기만과 비애와 사악으로 가득 찬 책을 읽게 해주던 한 자루의 촛불이 그 어느 때보다 더욱 밝게 타올라 지금까지 어둠 속에 쌓여 있던 모든 것을 비추어 주는가 싶더니 이내 바지직 바지직 소리를 내면서 어두워지다가 이윽고 영원히 꺼져버렸다.

역설적인 안나의 죽음을 표현한 최고의 비유이다.

촛불은 생명과 신념을 상징하고 타는 소리는 어리석은 인간의 한계성을 나타내며 밝음은 사랑을, 어둠은 죽음으로 표현된다.

사랑과 죽음은 역설적이면서 가장 잘 어울리는 테마이다. 많은 문학작품 속에서 사랑하는 이들은 죽음으로 사랑을 완성시킨다.

아리스토텔레스의 『시학(詩學)』에서 사건의 묘사는 '서사와 모방'뿐이며 그 최고의 정점 카타르시스(정화)는 비극을 통해서만 가능하다라고 되어 있다.

특히 자살은 종교적으로 용납될 수 없는 중죄인데도 사랑 속에서는 어느 정도 그 죄가 희석되는 형태를 보여 준다.

어째서 사랑으로 인한 죽음은 정당성이 부여되는 것일까?

그것은 사랑의 본질이 자기희생이기 때문이다.

'자신의 욕망이나 이익을 위해서가 아닌 사랑이나 명예를 위해 어쩔 수 없이 선택된 절박함이 묻어있는 행위.'

그녀의 죽음도 이런 측면으로 보면 충분한 정당성을 지닌다. 사회 종교적으로 비난받아 마땅한데도 그녀에 대한 비판에 선뜻 아무도 나서지 못하는 이유도 이와 비슷하다.

어쩌면 우리 모두가 '안나'가 될 수도 있다.

성경 구절에 **"죄 없는 자, 저 여인을 먼저 돌로 쳐라."**와 **"복수는 나의 것."**이라는 구절이 있다.

즉 복수는 신의 몫이고, 인간의 몫은 사랑뿐이라는 것이다.

그렇다고 해서 불륜을 옹호하거나 사회적으로 합의된 노력석 울타리를 무시하자는 것은 결코 아니다.

다만 교통사고처럼 자신의 의지와는 상관없이 벌어진 사고에 대해 무자비한 형벌을 가한다는 것은 지나치게 가혹한 처사가 아닌지 생각해 보자는 것이다.

즉 사랑에 있어서 잘못은 과실이지 고의가 아니다. 법에서도 고의와 과

실은 명백한 처벌의 차이가 있다.

이 세상에는 인간의 의지만으로는 도저히 어쩔 수 없는 것들도 존재한다.

사랑과 죽음에 대해 톨스토이는 우리에게 질문을 던진다.

안나는 왜? 무엇 때문에 죽었는가?

그것은 아마도 신의 영역에서 벌어진 우연한 사고가 아니었을까? 사랑하지 않았다면 안나는 죽지 않았을 것이다.

그렇지만 사랑이 없는 안나의 삶이 죽음을 택한 안나의 삶보다 더 가치 있다고는 누구도 단언할 수 없을 것이다.

그리고 어떤 삶을 선택하든 자신이 할 수 있는 최선을 다했다면 그 노력은 존중되어야 한다.

젊은 청년 베르테르는 교회 앞에서 빵을 나눠주고 있는 한 여인을 보고 사랑에 빠졌고 그 사랑 때문에 죽음을 선택했다.

푸치니의 오페라 '투란도트'에서 시녀 '류'는 칼리프 왕자의 단 한 번의 미소를 보고 사랑에 빠져 그를 위해 기꺼이 죽음을 맞는다.

이들의 행동은 인간이 할 수 있는 '아름다움의 극치'이다.

'To love is to receive a glimpse of heaven'
사랑은 천국을 살짝 엿보는 것이다.

13. 사주, 성(性)을 보다

　여성 사주에서 성(性)은 흔히 도화살, 홍염살 등과 깊은 관련이 있는 것으로 알려졌지만 실제로는 인성(印星)과 깊은 관계가 있다.

　특히 여성의 경우 인성(印星)이 없으면 부부생활로 인한 갈등이 생길 가능성이 매우 높아진다.

　남자의 성(性)은 인성(印星)과는 크게 관련이 없다. 그렇다면 어째서 여성의 성(性)만 인성(印星)과 깊은 관련이 있는 것일까? 그것은 음양(陰陽)의 특성에 기인한 것이라고 할 수 있다.

　여성은 음(陰)의 기질로 받아들이는 수용성을 지향하고 남성은 양(陽)의 기질로 발산의 기운을 지니고 있기 때문이다.

　따라서 인성(印星)이 발달한 여자에게 남자는 본능적으로 성적인 매력을 크게 느끼는데 그 이유는 여성이 남성을 받아들일 준비가 되어 있다는 성적 신호(sexual signal)를 보내기 때문이다.

　이것은 일종의 화학적인 호르몬 반응이며 인성(印星)이 담당하고 있다.

　물론 남녀 공히 '상관(傷官)'이 도화(桃花)에 해당하거나 일지(日支)에 있으면 '색욕'이 강한 특징이 있다.

　도화, 홍살, 연살 등도 모두 '상관(傷官)'의 기운인 것이다.

　'상관(傷官)'은 가장 강한 발산의 기운이다.

　즉 에너지가 강하게 분출되는 것인데 이것이 성(性)에너지로 흡수되었을 때 '색욕(色慾)'이 강해진다.

'성욕(性慾)'도 하나의 에너지이며 기운이다.

부부생활이 가장 적은 국가가 '일본'이고 가장 많은 국가가 '핀란드'라고 한다.
많은 것을 시사해주는 대목이다.
가장 성적으로 개방적일 것 같은 '일본'이 가장 부부생활이 적고 문제라는 것이다. 실제 우리나라도 이와 비슷할 수 있다. 겉보기에는 정상적으로 보이는 부부가 실제로는 부부관계가 없거나 원활하지 않을 수 있다.

다행히 그것에 대한 문제와 해답이 사주에 있다.

여성은 무인성(無印星)
남성은 무식상(無食傷)

부부의 만남 중 최악인데 겉보기에는 문제가 없어 보인다.
원활한 부부관계는 정신적 육체적 건강과도 직결되어 있다.
무엇이든 정상적이지 않다면 치료와 개선이 필요하다.

어느 심리학자가 "원치 않는 섹스를 하는 경우가 성매매보다 부부 관계에서 더 많다."라고 말한 것은 다소 과장되었지만 시사하는 바가 크다.

"노력하지 않는 부부는 관계가 좋아질 수 없다."

사주에서 자신에게 없는 것을 연습하고 연기하는 것이 바로 노력인 것이다.
여성은 인성(印星), 남성은 식상(食傷)을 연습하여 연기해야 한다.

※ 성욕이 왕성한 사주 구조

성욕도 일종의 에너지이다. 그래서 성(性)에너지는 건강의 척도가 되기도 한다. 건강한 부부생활은 인생에 있어 비타민이 될 수 있다.

우 목(木)일간이 수화(水火)를 함께 깔고 있을 때

우 일지(日支)에 상관(傷官) 도화(桃花) 목욕(沐浴)이 있을 때

우 식상(食傷)이 목화(木火)에 해당할 때

우 양(陽)일간이 신왕(身旺) 신강(身强)할 때

우 화(火)일간이 목(木)을 만났을 때

우 지지(地支)에 수기(水氣)가 강한데 화(火)가 있어 수증기로 변할 때

우 간여지동(干如支同) 사주가 인성(印星)을 얻었을 때

우 사주의 오행 구성이 균형적일 때

제2장

사주,
결혼을 디자인하다

1. 결혼은 인생의 가장 큰 모험이다

이성을 보는 안목

A녀: "그 남자 직업이 뭐야?" 정관(正官)녀

B녀: "그 남자 사람은 어때?" 편관(偏官)녀

이 한마디 질문이 두 여성의 결혼관을 명확하게 드러낸다.

A녀는 남편의 선택기준을 직업, 능력, 학력, 재물에 두고 있고(정관이 있으면 남자의 객관적인 조건을 보고 배우자를 선택한다), B녀는 남편의 선택기준을 인간성, 외모, 가능성에 두고 있다(편관이 있으면 남자의 인간성, 가능성을 보고 배우자를 선택한다).

이 한마디 질문에 이미 결혼의 성패는 결정되었다고 봐도 과언이 아니다.

결론은 'A녀의 승리이고 B녀의 참패'이다.

왜냐하면 '결혼'은 가장 현실적인 계약 관계이고 법률 행위이기 때문이다.

계약은 권리와 의무가 동시에 발생한다.

즉 '결혼'은 법률적인 행위이고 '연애'는 감정적인 행위로 전혀 다른 개념이다.

즉 연애는 즐거움이 있을 뿐 책임과 의무는 없다.

연애할 때는 자식이나 애인 그리고 애인의 부모를 챙겨야 할 책임이 없다.

하지만 혼인은 전혀 다른 형태로 의무와 책임을 다하지 않을 경우 민사상 손해배상은 물론 형사책임까지도 따른다.

법률적으로 부부 관계는 계약 관계이기 때문에 '작위와 부작위'가 적용된다는 의미이다. **(작위는 마땅히 해야 할 것을 하는 것: 의무이행. 부작위는 마땅히 해야 하는 것을 하지 않은 것: 의무 불이행)**

  A녀의 선택기준은 '정관(正官)'의 성향이고 B녀의 선택은 '편관(偏官)'의 기질이다.

  따라서 세운(歲運)에서 '편관(偏官)' 운이 들어오면 착하지만 무능력한 남자를 만날 가능성이 매우 커지고, 정관(偏官) 운이 들어오면 능력 있는 남자를 만날 확률이 높아진다.

정관(正官)녀	**남자 보는 안목이 있다. 남자 복이 있다.** **계산적이고 다소 이기적이다.** 안정적, 순차적 특성(인생 순탄 예고)
편관(偏官)녀	**남자 보는 안목이 없다. 남자 복이 없다.** **순수하고 다소 이타적이다.** 모험적, 편법적 특성(인생 풍파 예고)

  식신(食神) 상관(傷官) 운이 들어올 때도 비슷한 경향을 보이는데 식신(食神) 운이 들어올 때는 '정관(正官)' 역할, 상관(傷官) 운이 들어올 때는 '편관(偏官)' 역할을 한다.

  따라서 결혼은 '정관', '식신' 운(運) 때 하는 것이 좋고, '편관', '상관' 운 때 만난 남자와는 연애만 하는 것이 좋겠다.

  사주원국에 '정관(正官)', '식신(食神)'이 있을 경우 A녀의 특성이 더 극명하게 나타난다.

  반대로 사주원국에 '편관(偏官)', '상관(傷官)'이 있다면 B녀의 특성이 뚜렷하게 나타날 것이다.

식신(食神)녀	남자 보는 안목이 있다. 남자 복이 있다. 순수하고 마음이 따뜻하다. 단 1개만이 있는 것이 가장 좋고 많으면 식신도 상관 역할을 한다(인생 순탄 예고).
상관(傷官)녀	남자 보는 안목이 없다. 남자 복이 없다. 계산적이지만 동정심이 많다. 단 정인이 옆에 있으면 식신처럼 변한다(인생 파란 예고).

문제는 사주원국에 정편관(正偏官)이 혼재해 있는 경우와 운(運)에서 정편관(正偏官) 운(運)이 함께 들어오는 때이다.

이런 경우, 갈피를 못 잡고 두 가지 조건(현실과 인간성)에서 갈등하는 경우가 많은데 이때는 무조건 정관(正官) 식신(食神)의 특성을 따라가야 행복한 혼인생활을 유지할 수 있다.

결혼은 현실이고, 현실에서는 재물이 필수불가결한 요소이다. 연애는 책임과 의무가 없기 때문에 재물이 큰 소용이 없지만 결혼은 책임과 의무가 동반되기 때문에 반드시 재물을 필요로 한다.

사랑도 결혼도 선택

'결혼은 미친 짓이다'란 영화가 있다.

결혼하고도 다른 부분이 만족이 안 되자 옛날 애인을 만나는 영화였는데 주인공이 조건을 보고 결혼했지만, 옛 애인도 만나는 설정이다.

현실에서도 비슷한 상황이 종종 발생하는데 이런 경우 정편관(正偏官)이 혼재되어 있을 가능성이 크다.

정편관(正偏官)이 혼재되어 있는 여성의 경우, 현실과 감정 사이에서 늘 번뇌하는 모습을 보이는데 그래도 사주적인 면에서는 편관(偏官), 상관(傷官)의 선택보다는 정관(正官), 식신(食神)을 선택한 다음에 애인을 갖는 것이 현실적으로는 더 나은 선택이라고 볼 수도 있다.

즉 조건에 맞는 사람과 결혼 후 애인을 갖는 것이 조건이 맞지 않는 사람과 결혼 후 이혼하는 것보단 낫다는 의미인데 권장할 만한 사안은 아니기에 처음부터 결혼을 차라리 하지 말고 혼자 사는 것도 방법일 수 있다.

> 정편관(正偏官)이 함께 있는 것을 관살혼잡(官殺混雜) 사주라고 하는데 여성의 경우 관살혼잡 사주는 되도록 결혼을 늦게 하는 것이 좋으며 관성(官星)이 전혀 없으면 혼자 사는 것이 유리하다.

운명을 결정짓는 가장 큰 요소는 부모 다음이 바로 배우자 선택이다.

어떤 배우자를 선택하는가에 따라 인생은 엄청난 변화의 소용돌이에 휘말리게 된다.

즉 순탄한 고속도로가 될 수도 있고 지옥 같은 자갈밭 길이 될 수도 있다.

중요한 것은 부모는 선택할 수 없지만 배우자는 자신이 선택할 수 있다는 것이다.

사주에는 '최상의 배우자 선택 프로그램'이 장착되어 있어서 사주를 통해 최적화된 배우자를 선택할 수 있다.

⊙ 십성(十星)에 따른 배우자 선택 성향

☞ 편관(偏官), 상관(傷官) 남녀는 모험, 도전의식이 작용해서 조건보다는 가능성, 인간성을 선호한다.

정관(正官), 식신(食神) 남녀는 안정적이고 보수적, 객관적 조건을 보

고 판단한다(내 사주에 어떤 십성(十星)이 있는지 보고 내 성향을 판단하자).

편관 상관녀는 인생에서 가장 중요한 것은 가능성을 향한 도전과 모험이라고 말한다.

사랑과 연애도 같은 맥락에서 판단하고 선택한다.

그러나 한 가지 간과해서는 안 될 것이 있다. "결혼은 사랑만으로 이루어지지 않는다."라는 것이다.

"결혼 없는 사랑도 있고, 사랑 없는 결혼도 있다."

중요한 것은 내가 선택한 것에 대해 책임을 질 수 있는가이다.

자신의 의무와 책임을 다하지 못하는 순간 결혼은 달콤한 꿈이 아닌 악몽으로 변하기 시작한다.

첫사랑

내가 좋아하는 사람이 나를 좋아하는 건 기적이다.
-『어린왕자』-

남자에게 첫사랑은 잊을 수 없는 아름다운 추억만은 아니다.

어쩌면 가장 힘겹고 절박했던 시기일지도 모른다.

글을 잘 쓰기 위해서는 많은 습작이 필요하지만 사랑은 습작이 필요하지 않다.

사랑은 순수하고 무모할 때 더 빛나기 때문이다.

> "유독 남자에게 첫사랑이 강렬한 이유는 가지지 못한 것에 대한 아쉬움과 추억 때문이다."

사람의 마음에는 훈장처럼 빛나는 기억이 있는데 남녀가 조금 다르다.

여자는 현재의 사랑, 남자는 첫사랑이 가슴속 깊이 간직된 보물인 것이다.

여자는 현실적인 뇌 구조, 남자는 이상적 뇌 구조를 지녔기 때문인데 남자의 첫사랑은 그 개념도 불분명하다.

즉 추상적이고 관념적인 부분이 혼재되어 있어 뚜렷한 이유도 없다.

그 대상도 주로 연상녀가 많은 특징이 있는데 아는 누나, 선생님 등 애정결핍에 근거한 경우가 대부분이다.

당연히 이루어질 수 없는 첫사랑 구조인 것이다.

또 양(陽)의 속성에 따라 남자의 소유욕 정복욕은 가지지 못한 것에 대한 미련이 남아 첫사랑을 오래 기억하게 되는 원리이다.

> 남자의 첫사랑은 가지지 못한 것에 대한 환상이고
> 여자의 첫사랑은 가슴 깊이 묻어둔 아픈 기억이다.

연애의 갑을

사랑에는 '갑을'이 없지만, 연애에는 '갑을'이 존재한다.

사랑에서는 '을'도 좋지만, 연애에서는 '갑'이 좋다.

연애와 사랑은 다르기 때문이다.

사랑에서 '갑을'은 큰 의미가 없다.

사랑이란 것 자체가 '갑'이면서 '을'이기 때문이다.

사랑하면 상대를 위해 자신이 기꺼이 '을'이 되어주고 싶고 '을'이 되어도 행복하다.

그러나 연애는 조금 다르다.

더 좋아하는 사람이 '을'이 되고 덜 좋아하는 사람이 '갑'이 된다.

연애에는 계산과 실리가 포함되어 있기 때문이다.

하지만 감정적으로도 일방통행은 서로를 쉽게 지치게 한다.

그래서 연애는 '갑을' 간에 규칙이 정해지면 합리적인 관계로 발전할 수 있어 규칙을 정하는 것도 유용한 방법이 될 수 있다.

연애의 목적은 '즐거움'을 추구하는 데 있다.

즐겁지 않은 연애는 오래 지속될 수 없고 만족감도 떨어져 쉽게 지치게 된다.

연애와 사랑이 함께 있으면 '즐거움이 있는 고통'이 된다.

일명 '연애 약정서'

연애 약정서

남 홍길동
여 황진희

위 사람은 연애에 관하여 다음과 같이 합의하고 실천한다.

- 다 음-

가. 연애 기간 동안 일체 다른 소개팅을 하지 않는다.
나. 주 2회 이상 만나고 하루에 전화 혹은 카톡 2회 이상 한다.
다. 이성 간의 만남을 자제하고, 부득이한 경우 만나더라도 '끼'
부리지 않는다.
라. 데이트 비용은 남7:여3으로 정한다.
(여자는 꾸미는 데 비용 지출이 크기 때문이다)

2018. 7

남자 홍 길 동 (인)
여자 황 진 희 (인)

연애가 사랑으로 발전될 전환 시기가 되면 '갑을' 관계도 바뀔 수 있다.
그러나 가장 이상적인 관계는 동등한 관계이고 사랑으로 발전하지 못하는 연애는 바람 빠진 풍선처럼 금세 그 가치를 잃어버린다.

연애는 즐거움이 바탕이 되는 감정적인 행위이다.

즉 즐거움이 사라지면 자연스럽게 감정도 그 빛을 잃는다.

처음 연애에서 느끼는 감정은 상대에 대한 '호기심과 설레임'이고 이것은 개인적 기질과 함께 운(運)의 영향으로 생기는 현상이다.

또 연애에 있어 자신의 감정을 발전시키고 가장 확실히 느낄 수 있는 방법은 '키스'이다.

첫 키스에서 사랑이 결정되고 확인된다.

"키스는 연애의 비타민이다."

※ 키스의 유래

원시 시대 남자가 사냥 나간 사이 여자가 식량을 축냈는지를 확인하기 위해 혀로 살살 검사한 것이 키스의 유래라고 하는데 믿어야 할지 말아야 할지는 각자의 판단.

2. 결혼하지 말아야 할 사주

비겁(比劫) 과다는 결혼도 인생도 피곤하게 만든다.

자신의 사주에 비겁(比劫)이 우글거리는데 관성(官星)이 없다면 나는 스스로 결혼하지 말아야 할 남자라고 생각해도 무방하다.

결혼은 공동체 생활이고 현실이다.

서로 맞춰주고 자신의 역할에 맞게 책임과 의무를 다해야 한다. 그래야 상호간 약속과 기대가 충족되고 결혼생활이 유지될 수 있는 것이다.

그런데 사주에 비겁(比劫)이 강한데 관성(官星)이 없는 남자는 자신의 자존심과 고집만 주장하면서 책임과 의무는 하지 않고 대우받기만을 원한다. 당연히 부부 갈등은 예고되어 있고 이혼이나 별거로 이어지는 경우가 높을 수밖에 없는 구조이고 이런 경우 잘사는 부부를 거의 본 적이 없다.

산다고 해도 자식 때문이지 실제 부부의 정은 이미 끝난 상태이다.

남자 사주에 비겁이 많을 경우 식상이라도 있으면 "사랑해.", "미안해." 라는 말로 결혼생활을 버티겠지만, 그마저도 없고 인성만 있다면 '요구'만 하는 남자가 될 것이다.

결혼 관계에서는 최악의 남자라고 할 수 있다.

그런데 이런 남자를 선택하는 여성의 사주는 대부분 무관(無官)이거나 편관(偏官)과 상관(傷官)이 함께 있거나 관살혼잡(官殺混雜) 사주이다.

※ 관살혼잡(官殺混雜)은 남자 복이 없는 사주라고 하는데 반드시 그런 것은 아니다. 다만 심리적 관점에서 관살혼잡은 일관성이 결여되어 있는

문제점이 있다. 즉 기준이 시시각각 변하여 자신의 감정 상태에 따라 오늘은 남자의 객관적 조건을 중요하게 생각했다가 내일은 또 인간성, 가능성을 중요하게 생각한다.

이러한 모호성(模糊性)은 결국 최악의 남자를 선택하는 결과를 만든다.

따라서 여성분들은 내 사주가 관살혼잡(官殺混雜)이거나 무관(無官)이거나 편관(偏官), 상관(傷官)이 강하면 스스로 남자를 선택하는 것을 포기하는 것이 좋다.

"나는 남자 보는 안목이 없다."
객관적인 조건이나 지인의 말을 듣고 선택하자.
이런 생각으로 결혼하면 실패를 줄일 수 있다.

비겁은 재성을 극(剋)하는 구조이다.

남자에게 비겁(比劫)이 강하다는 것은 이미 아내와는 관계가 좋을 수 없다는 것을 의미한다.

※ 비겁은 천간지지(天干地支) 위치에 따라 매우 다른 양상을 보인다.

천간에 있는 비겁은 경쟁자이지만 지지에 있는 경우 돕는 자가 되기 때문이다.

따라서 비겁은 그 위치에 따라 성향을 구분하여 파악해야 한다.

'관고(官庫)'가 된 남자이다.

관고(官庫)란 관성이 입묘(入墓), 즉 무덤으로 들어갔다는 의미로 최악의 남자에 속한다.

통제력, 도덕성, 책임감, 준법성, 규칙, 명예가 없는 남자이다.

누구나 결혼하여 행복하게 살 권리가 있다?

여기에는 한 가지 단서가 붙어야 한다.

자신의 행동으로 인해 가족을 불행하게 만들면 안 되는 것이다.

비겁(比劫)이 많은 고집불통보다도

인성(印星)이 많은 마마보이보다도

식상(食傷)이 많은 허풍쟁이보다도

재성(財星)이 많은 가난뱅이보다도

관성(官星)이 많은 파란만장보다도

최악 중 최악의 남자가 있다.

바로 '관고(官庫)'가 된 남자이다.

가끔 사주를 보다가 관고(官庫)된 사주에 형살(刑殺)이 있는 남자를 만나게 되는데 거의 범죄자 사주이다.

도화(桃花)가 강하면 성범죄이고, 재성(財星)이 강하면 재산 관련 범죄이며, 비겁(比劫)이 강하면 폭력 관련 범죄자인 경우가 많았다.

형살(刑殺)이나 극충(剋沖)이 없더라도 **기본적으로 관고(官庫) 사주는 무질서, 무책임, 무법성(無法性) 등 3무(無)의 극치를 보여 준다.**

무관(無官) 사주와 비슷해 보이지만 영향력 면에서도 더욱 강력한 형태를 보여 준다.

혹시 이 글을 읽고 관고사주가 강력한 항의를 해올 수도 있다.

아직 전과가 없고 법도 잘 지키려 노력한다고 말이다.

물론 예외도 있을 수 있다. 그러나 필자의 20년간 임상으로 본 관고사주는 틀린 적이 없었다.

무관(無官) 사주가 관성(官星)이 없는 것이라면 관고(官庫) 사주는 관성이 죽었다는 것이다.

처음부터 없었던 것과 있었다가 죽었다는 차이는 상당히 크다.

여성의 관고사주도 남성의 입장에서는 매우 치명적이다.

남편이 무덤 속으로 들어가는 의미가 있기 때문이다.

'관고(官庫)'는 사주가 만들어 낸 최악의 상황이다.

하지만 사주팔자는 선택할 수 없다. 그렇다면 관고사주의 경우 잘살 수 있는 방법은 없을까?

물론 방법이 있다.

그러나 개인별로 그 방법이 다양해서 일일이 나열하기는 부적합하다.

'관고(官庫)' 사주는 일단 갑자기 내리는 소나기라고 생각하면 된다.

일단 피하는 것이 상책이다.

즉 혼인 전 남자 사주에 관고(官庫)가 있다면 파혼하는 것이 좋다.

3. 사랑과 원진살(元嗔煞)

원진(怨辰)의 의미와 작용

가. 부부(夫婦) 사이에 이유 없이 서로 미워하는 한때의 액운(厄運).

나. 남녀 궁합(宮合)에서 서로 꺼리는 살(煞).

ⓘ **쥐**, 자생子生은 양(미생未生)

ⓒ **소**, 축생丑生은 말(오생午生)

ⓓ **범**, 인생寅生은 닭(유생酉生)

ⓔ **토끼**, 묘생卯生은 원숭이(신생申生)

ⓜ **용**, 진생辰生은 돼지(해생亥生)

ⓗ **뱀**, 사생巳生은 개(술생戌生)

* 직방(直方)이란 두 개 오행이 원진을 이루고 있는데 상대방의 사주에도 원진살이 1개라도 있어 서로 원진살이 형성될 때이다.

ㄱ. 자미(子未) 원진

궁합(宮合)에 자미(子未) 원진이 있다고 궁합(宮合)이 나쁘다는 단식 판단 은 절대로 할 수 없다는 의미이다.

또 원진살(元嗔煞)은 연지(年支) 일지(日支)를 기준으로 본다.

> 궁합(宮合)에서 상대 배우자와 원진 직방살(直方殺)은 대단히 흉(凶)하여 백년해로하기 어렵다.

ㄴ. 축오(丑午) 원진

축토(丑土)와 오화(午火)의 싸움이다.

원진과 귀문관살에 동시에 해당된다.

일지를 기준으로 하며 운(運)에서 축토(丑土)와 오화(午火)가 들어와서 **축**

오(丑午)원진 귀문에 해당하면 공황장애, 이중성격 증후군 등 정신적으로 문제가 생길 수 있고 부부간에도 문제가 발생할 수 있다.

ㄷ. 인유(寅酉) 원진

유금(酉金)이 인목(寅木)을 극(剋)하는 것인데 음금(陰金)이 양목(陽木)을 공격하는 형세로 인목(寅木)의 대응도 만만치 않다.

싸움이 격렬할 수 있는 구조이니 양보와 타협이 필요하다.

ㄹ. 묘신(卯申) 원진

신금(申金)이 묘목(卯木)을 극(剋)하는 것인데 인유(寅酉)와 비슷한 구조이다(귀문관살).

인유(寅酉) 원진하고 비슷한 작용으로 보인다.

신금(申金)이 양(陽)이고 묘목(卯木)이 음(陰)이다.

ㅁ. 진해(辰亥) 원진

진토(辰土)가 해수(亥水)를 극(剋)하는 작용(천라지망, 귀문관살). 전라도 사투리에 '징하다'란 표현이 여기서 유래된 것이다.

그만큼 지독하다는 의미가 있다.

일지를 기준으로 진토(辰土) 해수(亥水)가 있으면 해당된다.

천라지망, 귀문관살, 사해충, 진술충 등도 동시에 발생할 수 있는 구조이다.

최악의 경우 이혼이 아닌 사별까지 생길 수 있다.

ㅂ. 사술(巳戌) 원진

사화(巳火)와 술토(戌土)의 만남이다(원진 귀문살).

이 구조도 진해(辰亥) 원진 귀문살과 비슷하다고 보면 된다.

※ 인미(寅未) 자유(子酉)는 귀문관살만 해당

원진살(元嗔煞)의 발현

사주에 원진살이 있으면 잔소리가 심하고 신경이 예민하다.

단순히 원진살이 있다고 이혼하는 것이 아니라 서로 상호간에 직방살 (直方煞)이 관통해야 백년해로하기 어렵다.

원진 직방살이란 궁합(宮合)에서 주로 사용하는 것인데, 한 사람 사주에 원진(元嗔)이 있고 상대방 사주에도 원진(元嗔)이 있는 경우 직방으로 통하여 백년해로하기 어렵다.

연주 월지(月支)에 있으면 30~40대에 이혼하기 쉽고, 일지(日支) 시지(時支)에 있으면 50대 이후 이혼하기 쉽다.

원진과 귀문은 정신 심리에 작용하여 술을 마시면 발동하기 쉽다(취하면 폭력적으로 변하는 경우가 많다).

결론적으로 원진살은 직방살이 아니면 괜찮다.

일지(태어난 날)를 기준으로 하며 고전에는 연지(태어난 해)와 대입했지만 이는 맞지 않는 방법이다.

일지(日支)만 운(運)과 대입해야 한다.

4. 연애와 결혼의 딜레마

연애와 결혼의 차이는 연애는 좋아하는 감정만 있으면 되지만 결혼은 좋아하는 마음과 능력이 함께 있어야 한다.

여기서 능력이란 책임과 의무를 의미한다.

남자는 가장으로서 직업과 직장이 있어야 하고 여자는 남편을 돕고 아이를 양육해야 하는 책임과 의무가 있다.

즉 연애는 호르몬의 작용으로 좋아하는 마음만 잘 유지되면 가능하지만 결혼은 전혀 다른 문제이다.

그래서 결혼 준비란 단어는 있어도 연애 준비란 말은 없는 것이다.

사랑을 잘하는 사람이 결혼을 잘 못하는 경우가 많은 이유가 바로 여기에 있다. 연애는 준비가 필요 없는 단순한 구조와 즉흥성을 가지고 있다. 반면에 결혼은 계산된 철저한 준비가 필요한 분야인 것이다.

"연애는 비겁과 식상만 있어도 할 수 있지만 결혼은 비겁 식상은 물론 재성, 관성, 인성까지 모두 갖춰야 완벽한 결혼 생활을 유지할 수 있다."

연애는 불균형해도 지속되지만 결혼은 균형이 무너지면 바로 불행으로 이어진다.

따라서 연애 잘하는 사람과 결혼생활을 잘하는 사람은 사주 성향이 많이 다를 수밖에 없고, 현실적으로 2개를 전부 잘하기는 어렵다.

사랑과 결혼을 모두 다 잘하는 남자는 드라마 속에서 만들어진 캐릭터일 뿐이다.

따라서 연애 상대와 결혼 상대를 구분하는 것은 어쩌면 가장 현실적인 선택일 수 있다.

미국의 한 여성 심리학자에 의하면 부부가 애인의 존재를 서로 긍정하고 받아들이면 남편과 아내는 오히려 정서적으로 안정감이 생긴다고 주장하였다. 물론 불륜은 유교문화권인 우리나라에서는 있을 수 없는 비도덕적 일탈 행위이다.

그러나 성적으로 개방화된 현실은 기혼자가 애인이 있는 경우도 많이 있고 이를 두고 겉과 속이 다른 이중적인 잣대가 있는 것도 사실이다.

인간은 심리적으로 매우 불안정한 존재이다.

> 남녀 간의 규범을 지키고 사는 것이 관성이 뚜렷한 사람에게는 당연한 일이지만 식상이 발달한 사람에게는 참을 수 없는 고통이 된다.

100년 전까지만 해도 알레스카 원주민, 아프리카 마사이족 등은 자신의 아내를 친구나 손님과 잠자리하게 하는 문화가 있었고 17세기 유럽의 귀족들은 부부간에 '스와핑'이란 부부교환 문화도 유행했다.

조금 다른 개념이지만 B.C 400년 전 그리스 철학자 플라톤은 완벽한 철인(哲人)정치를 위해 '아내 공유제'를 주장하기도 하였다.

정치인의 도덕성을 지나치게 강조하는 '역설'로 작용한 예이다.

즉 아내가 있으면 자식이 생기고 그에 따른 사유재산이나 소유욕 등이 발생하므로 이를 방지하자는 목적이 깔려있다.

목적 자체는 순수하나 그 방식이 문제가 되어 그리스에서도 **실행되지 못했지만 그 취지만큼은 매우 인상적이었다.**

인간에게는 기본적으로 소유의 욕구가 존재한다.

그것을 담당하는 십성이 정재(正財)이다.

따라서 정재가 발달한 사람에게 공유나 무소유의 개념은 생각조차 할 수 없는 불가능한 일이다.

> 행복한 연애와 현명한 결혼을 위해서 가장 필요한 것은
> 내 마음과 내 성향을 동시에 알아야 한다는 것이다.

강렬한 반전소설 『아내가 결혼했다』는 이제 상상 속의 이야기가 아닐 수도 있다는 생각이 든다.
남자는 낭만적이면서 보수적인 것을 선호하고
여자는 안정적이면서 개방적인 것을 선호한다.

사랑하는 단 한 사람을 만나 영원히 함께하는 것이 가장 이상적이고 아름답다고 생각하는 남녀의 마음이 변하는 시기는 결혼 3년 차부터이다.
대부분의 여성은 이 시기에 아기가 태어나면서 이성애가 모성애로 전환되어 결혼생활이 유지되는 것이다.

궁합은 결혼할 시점이 되었을 때 보는 경우가 많다.
연애 때는 별로 궁금하지 않았던 것들이 함께해야 할 미래를 생각하면서 **궁금해지기 시작한다.**
재물복은 있는지, 부모복과 형제복은 어떤지, 건강, 나와는 잘 맞는지 등을 염두에 두게 되는 것이다.

> 재성(財星) 관성(官星)이 발달한 사람은 배우자에 대한 현실적 계산능력이 있다. 그러나 운(運)에서 충합(沖合)이 될 때는 오히려 그 기능이 무력해지고 최악의 선택을 할 수도 있다. 따라서 재관(財官)의 충합(沖合) 시에는 반드시 변환된 오행과 충(沖)당한 오행을 상세히 살펴 길흉(吉凶)을 따져야 한다. 즉 합(合)이라고 다 좋은 것도 충(沖)이라고 다 나쁜 것이 아니다.

필자의 경우, 궁합감정 시 당사자에게는 조건과 사랑 중 사랑을 선택하라고는 말하지 못한다. 오히려 조건이 좋고 능력이 있는 남자를 슬쩍 민다.

결혼은 현실이고 연애는 일시적인 호르몬 작용이기 때문이다.
이것이 연애와 결혼의 딜레마이다.
불행하게도 이 두 가지를 충족시키는 만남은 기적에 가깝다.
현실적으로 결혼과 연애를 분리해서 판단, 결정하는 것이 가장 현명한 방법일 수 있다.

삶도 무엇에 가치를 두는지에 따라 삶의 목표와 만족도가 달라지듯이 사랑도 마찬가지이다.
내 사랑의 가치를 고통과 희생에 둔다면 안락함을 버리고 그를 위해 기꺼이 희생하고 고난과 보람의 길을 만들어 가면 된다.
결국 선택은 자신의 몫이며 그 선택에 대해 만족한다면 나만의 가치 있는 사랑과 결혼이 될 것이다.
삶의 만족은 주관적인 것이기 때문에 자신이 행복감을 느낄 수 있다면 어떤 선택을 하던 모두 성공이라 할 수 있다.
그 기준은 일지(日支)에 무엇이 있는지에 따라 정해지는 경우가 많다.
예를 들면 일지에 관성이 있다면 사회적 규범에서 안락함을 느끼겠지만 일지에 식상이 있다면 사회적 규범을 무시하고 내 자유로운 표현과 의지에서 행복감을 느낄 것이다.

5. 표현하지 않는 사랑은 죽은 사랑이다

식상(食傷)과 인성(印星)의 역할

"혼인궁합에서는 표현하는 남자와 받아들이는 여자가 가장 이상적인 형태이다."

남자는 양(陽)의 영역이고 여성은 음(陰)의 영역이기 때문이다.

즉 양(陽)으로 대변되는 남자의 성향은 드러내고 표현할 때 가치가 있고 음(陰)으로 대변되는 여성은 감춰져 있지만 수용하여 순순히 받아들일 때 가치가 있다.

이렇게 되면 음양(陰陽)이 균형을 이루게 된다.

> 식상(食傷)은 고백하고 인성(印星)은 받아들인다.
> 남자의 식상이 여자의 인성을 흔들 때 사랑이 타오르기 시작한다.

식상(食傷)은 발산의 기운으로 표현의 신(神)이다.

그래서 식상이 발달한 남자는 연애를 잘한다. 인성(印星)은 수용의 기운으로 여성의 매력을 극대화시킨다. 그래서 인성이 발달한 여성은 남자의 사랑을 이끌어낸다.

가장 이상적인 연애는 식상 남자와 인성 여자가 만날 경우이다.
식상(食傷)은 남자를 남자답게 만들고,
인성(印星)은 여자를 여자답게 만든다.

만일 반대로 여자가 식상이 발달하고, 남자가 인성이 발달했다면 어떻게 될까?

음양(陰陽)이 뒤바뀌긴 했지만 의외로 잘 어울리고 잘사는 경우도 많다.

여자 같은 남자, 남자 같은 여자가 만나는 것인데 이때는 대부분 여성은 남자를 바꾸려고 하고 남자는 이에 잘 순응하고 받아들인다.

남녀 모두 식상(食傷)이 발달했을 경우, 서로 주장과 표현만 하고 받아들이지는 못한다. 가장 많이 싸우는 연애이고 가장 많이 헤어지는 연애구조이다.

남녀 모두가 인성(印星)만 발달했을 경우, 연인이라기보다 친구에 가깝다.

서로 표현을 하지 않으니 지루하고 심심하다.

연애가 오래가는 경우도 있지만 서로 바람이 날 가능성이 높다.

식상을 가진 이성을 만나면 쉽게 유혹되기 때문이다.

결혼은 조금 다르다.

식상이 발달한 남자는 연애할 때는 좋지만, 결혼 후에는 바람이 날 가능성이 높다.

인성이 발달한 여자는 연애도 좋고 결혼 생활도 무난하다.

이는 음양(陰陽)의 역할에 기인한다.

여성 입장에서 가장 이상적인 연애와 결혼을 위해서는 어떤 선택을 해야 할까? 만일 당신이 본 남자를 느낌으로만 판단한다면 그것이 '독약(잘못된 선택)'일 가능성이 매우 높다.

> 천간에 '정관(正官) 정인(正印)'이 청아하게
> 1개씩만 있는 여성은 남자 보는 안목이 있다.

만일 정인(正印)이 없다면 정관(正官)이라도 반드시 1개 있어야 남자를 보는 안목이 있다. 만일 둘 다 없고 편관(偏官)과 상관(傷官)이 있다면 중매로 결혼하는 것이 가장 현명한 방법이다.

관인상생(官印傷生)된 사주는 사물 인물에 대한 안목이 높아진다. 사람이 이성(異性)을 볼 때의 느낌은 호르몬 변화, 즉 화학작용이다. 화학작용은 이성과는 무관한 작용으로 인물인식과 선택에 막대한 오류를 범하게 한다. 즉 논리적인 사고에 의한 선택이 아닌 자신의 경험이나 영화, 소설 속 잔상이 무의식 속에서 발현되는 것이다.

"모르면 사주라는 과학을 이용하라."

달콤한 연애가 완벽한 결혼으로 이어지는 경우는 복권 당첨만큼이나 매우 어렵다.

그 이유는 연애 상대로 좋은 남자가 상관(傷官)이 강한 남자인데 결혼 상대로는 최악이라고 할 수 있기 때문이다.

연애할 때는 재미있고 남자답지만, 상관의 즉흥성과 변덕과 자유분방함으로 인한 변동성이 문제가 될 수 있다.

결혼 후, 연애 때와는 완전히 달라진 모습으로 돌변한다.

자유분방함은 무책임으로 나타나고 재미있던 모습은 밖에서만 보여준다.

경제관념도 약한 편이어서 금전적으로 어렵고 이직도 잦아 직업적으로도 매우 불안정하다. 즉 연애 때 보았던 로맨티스트는 사라지고 천방지축 예측 불허인 남자만 남는 것이다. 결혼 상대로 좋은 남자 1순위는 정관격(正官格) 남자이다.

연애 때나 결혼 후에도 변함없이 일관성을 유지한다.

책임감 있고 가정적이며 성실하고 말한 것은 꼭 지키려고 노력한다.

안정감과 배려심도 기본으로 갖고 있다.

그러나 연애할 때는 박력이 없고 너무 계산적이고 재는 것 같으며 재미도 없어서 심심하고 권태롭기까지 하다.

그래서 편재(偏財), 상관(傷官)이 있는 여자 분은 정관격(正官格) 남자와 살기 쉽지 않다.

심심해서 죽을지도 모르기 때문이다.

정관격(正官格) 남자의 아이콘은 '게으름과 모험심 제로'이다.

주말은 종일 티비 또는 컴퓨터 앞이다.

도전정신과 모험심도 없어 무기력한 남자로 매력이 없어 보인다.

그래서 이론적으로는 상관(傷官)의 기질과 정관(正官)의 기질을 함께 가지고 있는 남자가 가장 이상적일 수 있다.

그러나 이것은 좋은 약이 맛도 끝내주길 바라는 것과 같다.

실제 그런 약은 없으며 있다고 해도 구하기 어렵다.

그럼에도 대부분의 여성들은 '맛도 좋은 약'을 찾는다.

그것은 이루어지기 힘든 꿈이다.

일부 여성만이 '쓴 맛을 감수하고 약효'를 떠올리며 쓴 약을 선택한다. 그런 분은 천간(天干)에 '정관과 인성'이 있는 여성이다.

만일 천간(天干)이 아닌 지지(地支)에 정관(正官)이 아닌 편관(偏官)이 있다면 자신의 안목은 절대 믿지 말고 사주를 믿거나, 시집 잘 간 관인상생이 된 친구에게 충고를 듣는 것이 가장 현명한 방법이다.

상관격(傷官格)은 연애할 때 좋은 남자,
정관격(正官格)은 결혼할 때 좋은 남자.

또 여성이 편관이 발달한 남성을 보면 상남자처럼 보인다. 과묵한 것이 남자답고 멋지다고 느낀다. 그러나 결혼 후에는 정이 없고 억압심리가 강해지며 융통성도 없어 고지식하다. 답답한 스타일이 되는 것이다.

물론 사주구성에 따라 다를 수는 있다.

편관이 있는데 옆에 식신이 있다면 얘기는 전혀 다르게 변한다.

식신제살(食神制殺)이 된 사주는 관인상생(官印傷生)을 능가할 만큼 실제로 멋지기 때문이다.

식신이 없는데 편관(偏官)이 강한 사주는 피하라는 의미이다.

편관(偏官)에는 예측 불가한 사건 사고, 모험심, 도전정신이 있고, 식신(食神)에는 예측 불가한 사건 사고를 해결할 능력과 강한 정신력이 있다.

그래서 이 둘이 만나면 강한 시너지효과가 나는 것이다.

실제 식신제살(食神制殺)이 된 남자는 남자답고 의리가 있으며 멋지다.

결론을 내리자면 잘 모르면 자신의 안목이 아닌 사주를 믿어라.

◉ 연애 상대로 좋은 남자 순위 순서

상관격, 편재격, 식신격, 정인격, 비견격,
편관격, 정재격, 정관격, 편인격, 겁재격 순.

◉ 결혼 상대로 좋은 남자 순위 순서

정관격, 정재격, 정인격, 식신격, 편관격
편재격, 상관격, 비견격, 편인격, 겁재격 순
* 도화(桃花)는 상관의 기운이다.

⊙ 여성의 관살 혼잡 사주는 남자 직장 건강에 문제가 발생한다.

여성의 경우 관성(官星)이 혼잡되어 있는데, 식신(食神)이 없으면 남편 복이 없고, 편관(偏官)이 강한데 식신(食神)이 없으면 자신이 단명하거나 남편을 해(害)한다. 이럴 경우 반드시 업상대체(業象代替) 해야 잘살 수 있다.

＊관성(官星)의 혼잡이란 편관 정관이 함께 있는 것을 의미하며, 업상대체(業象代替)란 직업을 통해 사주의 강한 기운을 설기시켜 주는 것을 말하다.

여자 사주에서 관성은 남자와 직장을 의미하며 식상과 함께 가장 중요한 십성이다. 그렇기 때문에 관성에 문제가 생기면 인생은 매우 고단해진다.

관성의 문제는 크게 3가지로 나눌 수 있다.

첫 번째 관성이 혼잡되어 강한데 식신은 없고 일지(日支) 등이 상관에 자리 잡고 있는 경우다.

즉 상관견관(傷官見官)된 사주로 정인이 있으면 방어가 되지만 정인이 없는 경우, 삶이 매우 힘들어질 수밖에 없다.

'직주(직장과 주거)'의 이동이 잦거나 남자관계가 복잡해진다.

두 번째 편관이 강한데 식신이 없는 경우이다.

게다가 일주(日柱)까지 신약(身弱)하면 단명(병사, 사고사)할 가능성이 매우 높다. 식신은 편관으로부터 일간(나)을 지켜주는 유일한 십성이다.

식신이 사주에 없으면 건강이 가장 문제가 된다.

세 번째 무관(無官) 사주이다.

사주 내에 관성이 전혀 없는 사주로 남자 복이 없고 직장도 안정되기 힘들다. 무관(無官) 사주의 경우 대개 식상 운(運) 때 결혼하여 자식을 얻은 뒤에 이혼하는 경우가 많은데 식상까지 없다면 스님 사주로 혼자 살아야 하는 팔자가 되기도 한다.

정관(正官)이 있으면 남편의 외적 조건(직업, 재물)을 보고, 편관(偏官)이 있으면 내적 조건(가능성과 인간성)을 본다.

정편관(正偏官)이 다 있는 경우는 대개 편관(偏官) 성향을 따라간다.

관성(官星)은 식신(食神)이 없을 경우, 관살(官殺)이라고 하며 여기서 '살(殺)'은 죽인다는 의미가 내포되어 있다.

즉 관살(官殺)은 나를 죽인다는 의미인 것이다. 관성(官星)은 없어도 문제지만 많은 것이 더 큰 문제이다.

관살(官殺)이 너무 강하여 '살(殺)'을 설기(洩氣) 시켜주기 위해서는 **업상대체(業象代替)**를 하거나 봉사활동 등 선행에 힘써야 한다.

업상대체(業象代替)는 사람을 돕는 직업, 일 등을 의미한다.

또 생살(生殺) 여탈권을 가진 직업도 의미한다.

이를 합쳐서 활인(活人)업종이라고도 한다.

검사, 군인, 경찰, 의사, 한의사, 간호사, 선생님, 육영사업, 공익재단, 종교단체, 고아원, 양로원 등이다.

관성은 나를 통제, 제어해 주고 사주에서 꼭 필요한 오행이지만 많으면 오히려 사는 데 큰 결함이 생긴다. 봄철 가뭄에 1시간 동안 내리는 비는 단비가 되지만 3일 동안 비가 내리면 단비에서 재난으로 바뀐다. 사주도 마찬가지이다. 자연현상같이 과유불급의 원리가 적용되는 것이다.

사주에서 가장 중요한 것은 '균형'이다.

사주에서 균형이 무너진다는 것은 삶이 어려워지는 것을 의미한다.

6. 연애의 신, 상관(傷官)의 기운

상관(傷官)의 최고 장점

상관(傷官)이 발달한 남자는 재미있고 통이 크며 돈까지 잘 쓴다.
연애에 있어서는 최상의 조건을 모두 장착하고 있다.
그래서 여자는 헤어져도 이 상관(傷官)의 남자를 잊지 못한다.
남자의 강렬한 기운이 여자를 매료시켰기 때문이다.

> 남자가 옴므파탈이 되려면 상관(傷官)이 발달해야 하고,
> 여자가 팜므파탈이 되려면 정인(正印)이 발달해야 한다.

상관의 특성

상관(傷官)의 기운은 12운성(運星)의 목욕(沐浴), 신살(神殺)의 도화살(桃花煞)과 비슷하다.

따라서 상관(傷官)=목욕(沐浴)=도화살(桃花煞)의 식을 기억해라.

상관(傷官)의 기운은 에너지 분출 현상으로 자신이 주체가 되어 이끌어
가는 힘이고, 목욕(沐浴)은 남을 의식하며 자신을 이쁘게 꾸미고 싶은 심리
이다. 정리하자면 도화살(桃花煞)의 운이 발현되면 에너지가 넘치고 자신
을 꾸미는 데 치중하고 호기심이 발동하여 여러 이성에게 관심을 갖게 된

다는 의미인데 이것을 함축하여 한 마디로 표현하면 **'상관의 기운'**이다.

운(運)에서 상관(傷官)의 기운이 들어오면 심리적으로는 타인에게 관심받고 싶은 마음이 생기고 다소 변덕스러워진다.

사랑을 시작할 준비가 된 것이다.

여성의 경우 상관(傷官) 운(運)에서 연애가 많이 시작되는데 깨지는 경우도 많이 발생한다.

이는 상관견관(傷官見官)이 되기 때문이다.

그래서 상관(傷官) 운이 들어왔을 때는 이성적인 판단이 무엇보다도 중요하다.

객관적으로 사람을 판단하고 선택해야 이별의 아픔을 예방할 수 있다.

상관(傷官)의 기운이 들어오면 **"몸과 마음의 문이 마법처럼 열린다."**

상관(傷官)의 기운 중 대표적인 것이 도화살(桃花煞)이다.

도화살(桃花煞)은 자오묘유(子午卯酉)로 이루어졌으며, 모두 왕지(旺支)로 구성되어 있기 때문에 에너지가 매우 강해지는 특성이 있다.

도화(桃花) 에너지는 성적 의미로도 해석될 수 있지만 연예인이나 예술인 등 인기에 관련된 업종에서 에너지가 분출되어 크게 성공하는 경우도 많다.

그렇기 때문에 도화운(桃花運)이 들어왔다고 해서 부정적 이미지로 받아들일 필요는 없다. 광의의 개념으로 보면 남의 시선을 의식하는 점에서는 관성과도 비슷하다.

단 기혼여성의 경우 관도화(관성이 도화에 해당)가 운(運)에서 들어올 때는 조심해야 한다. 기혼여성에게 관도화(官桃花)는 바람이 난다는 것을 의미하기 때문이다.

대개 관성도화 운(運)이 들어온 지 2년이 지나면 망신살이 발동한다고 한다. 그래서 여성의 관도화(官桃花)는 3년이 못 간다는 말이 있다.

즉 바람이 나면 3년 안에 이혼한다는 의미가 된다.

반면 미혼에게 **관성도화(官星桃花)**는 강한 로맨스를 만들어주는 좋은 역할을 하기도 한다. 결론적으로 도화(桃花)는 좋은 작용을 할 수도 나쁜 작용을 할 경우도 있다는 것이다.

기본적으로 일지에 도화(桃花)를 깔고 있는데 그 도화(桃花)가 목욕(沐浴)이고 상관(傷官)에 해당한다면 성적 에너지가 강하기 쉽다.

물론 주변에 반드시 화(火)가 있어야 한다. 그러나 이것은 개인적인 성향일 뿐이지 좋고 나쁜 문제가 아니다.

"한마디로 도화(桃花) 운이 들어오면 에너지가 강해지기 때문에 에너지를 소모시킬 일이나 대상이 필요하다."

그 대상이 사람일 수도 있고 직업적 업무일 수도 있다.

그것이 무엇이든 강한 에너지를 잘만 분출할 수 있다면 최고의 성과가 나올 수 있다.

도화(桃花)는 타인을 의식하는 기운이다.
일지(日支)에 도화가 있으면 타인의 시선을 의식하고 자신을 꾸미는 데 시간을 많이 사용한다. 때문에 자신을 잘 꾸미고 타인의 사랑을 받게 노력하는 것이 도화의 가장 큰 장점이라고 할 수 있다.

7. 계산된 연애, 재성(財星)의 기운

재성(財星)은 크게 3가지 관점으로 볼 수 있다.

첫 번째 사회적 관점에서 재성은 재물 돈이다.

두 번째 육친적 관점에서 재성은 아내 아버지이다.

세 번째 심리적 관점에서 재성은 계산 예측의 능력이다.

특히 남자에게 중요한 것이 재성인데 이는 육친상 재성(財星)이 배우자가 되기 때문이다.

고전사회와 달리 현대사회는 남녀 모두가 경제 활동을 하기 때문에 사회적 관점에서도 재성은 남녀 모두에게 최고의 길신이 된 지 오래다.

먼저 남성에게 재성의 의미를 살펴보자.

남성에게는 고대부터 현대에 이르기까지 재성운은 관성운과 더불어 2대 길신운으로 여겨져 왔다. 남자에게 재성 운이 들어온다는 것은 권력과 여자가 함께 따라온다는 의미가 된 지 오래다.

과거 100년 전만 하더라도 여자, 권력, 돈은 모두 남성의 전유물처럼 여겨졌던 시대였지만 지금은 모두 공유하는 시대라 남성에게만 해당되는 것은 아니다.

남자에게 재성 운이 들어올 때

남자에게 재성(財星) 운(運)이나 재합(財合) 운(運)이 들어오면 먼저 여자의 유혹이 생기고, 이후 재물이 들어온다. 이 순서가 매우 중요한데 따라서 남자에게 여자가 생기려고 한다면 곧 돈이 들어온다는 의미가 되기 때문에 이를 예상하고 대비해야 한다.

이때 주의해야 할 것이 있다.

남자의 경우 '재성(財星)'을 취할 수 있는 운(運)에서 먼저 여자를 취하면 재물은 반감된다. 즉 재물 복을 돈과 여자로 반씩 나누는 결과를 초래하게 된다는 의미이다.

그래서 온전히 재물을 취하기 위해선 특히 기혼자의 경우, 여인의 유혹을 이겨내는 의지가 반드시 필요하다.

예를 들어 사업하는 내 남편이 바람을 피우려는 조짐이 보인다면 '아, 이제 우리 남편이 돈을 벌겠구나.'라고 예측하고 더 칭찬하고 잘해줘서 유혹을 이겨내고 재물을 취할 수 있게 도와줘야 한다.

남자는 양(陽)의 기질이 강한 존재로 **'칭찬에 약한 단순한 동물'**이다.
여성은 **"당신이 최고야.", "당신 님 멋져."** 이 한 마디로 그의 마음을 사로잡을 수 있다.
식신생재(食神生財)가 발달한 여성이 남자의 마음을 잘 다스린다.
식신생재(食神生財)는 식신이 재성을 생(生)해주는 구조이다.

반대로 남자는 "사랑해.", "고마워." 이 한마디로 여성의 마음을 얻을 수 있는데 이는 모성애 때문이며 식상(食傷)이 발달한 남자가 이런 표현을 잘한다.

누구나 부자가 되길 원한다.
행복의 척도는 재물의 크기에 비례한다.
사랑도 돈 없이는 유지되기 힘들고 부부생활도 돈이 행복의 기본조건이된다.
누구나 갖고 싶은 돈, 성인(聖人)인 공자도 부자가 되길 원했을 만큼 살아가는 데 있어 재물은 반드시 필요한 것이다.

재성(財星)의 음양(陰陽)

재성(財星)은 편재(偏財)와 정재(正財)로 나눈다. 편재와 정재는 음양(陰楊)의 차이로 재물의 성격과 기질이 다르다.

재성(財星)은 편재와 정재로 분류되는데 먼저 편재는 일간(日干)과 음양(陰陽)이 같은 경우이며 내가 극(剋)하는 대상이다. **즉 재성(財星)은 내가 극(剋)하여 가져오고 싶은 욕망의 대상이면서 결과물인 것이다.**

편재는 한마디로 '일확천금'으로 표현될 수 있다.
그래서 편재 격(格)이나 편재가 발달한 사람은 투기성향이 강하고 월급쟁이보다 사업이나 장사를 선호한다.
심리적인 성향도 정재(正財)와는 다르게 즉흥적이고 기분파적인 요소가 강하다.
남성 사주에 편재가 있으면 여성을 친구처럼 사귀며 가벼운 연애를 선호하고 바람기가 많다.
결과보다는 과정 자체를 즐기는 특성이 있어 흥미롭지 않은 일은 하지 못한다.

정재(正財)가 발달한 남성은 아내 같은 나만의 여자를 선호하고 편재(偏財)가 발달한 남성은 친구 같은 가벼운 여자를 선호한다.
공유와 소유의 심리적 차이이다.
공유심리는 편재, 소유심리는 정재다.

정재는 재물을 차곡차곡 쌓아 부를 축적하려는 심리가 강하다.

즉 사업보다는 직장생활이 더 어울리는데 이를 항상성이라고 한다.

사업을 하더라도 확장보다는 **안정적으로 운영하는 성향이 강하다.**

예를 들어 사업이나 장사를 할 때 영업이 잘되면 편재는 옆 건물까지 사서 확장하지만 정재는 확장하지 않고 기존 운영 방식에서 영업시간만 늘리는 것에 만족한다.

즉 정재(正財)는 안정 보수적이고 편재(偏財)는 개혁 개방적이다.

편재(偏財)는 고수익이지만 늘 위험이 함께 상존하고 정재(正財)는 정직하지만 지나치면 인색해 보일 수 있다.

운(運)에서도 편재 운과 정재 운은 전혀 다른 심리 작용을 한다. 편재 운이 들어오면 뭔가 새로운 일을 하고 싶어 하거나 기존의 사업도 확장하려는 심리가 강해진다. 상관운(傷官運)과 비슷한데 이때 특히 조심해야 한다. 정재운(傷官運)은 돈에 대한 집착이 강해지고 안정적인 재테크에 관심이 높아진다.

또 재성(財星) 운이 들어왔을 때, 사주에 식상(食傷)이 있으면 크게 발복하는데 이는 식상이 재성을 만드는 원천이기 때문이다.

이를 '식신생재(食神生財)'라고도 한다.

편재의 특성	정재의 특성
개방적, 도전적, 확장성 비소유욕, 성실, 정직	보수적, 안정적, 비확장성 소유욕, 흥미, 재미, 유흥

☞남녀 모두 연애 때는 편재(偏財)가 좋고, 결혼해서는 정재(正財)가 낫다.

여성에게 재성(財星)의 의미

배우자를 선택할 때 남자의 경우, 가장 먼저 봐야 할 것은 궁합이 아니라 여성 사주에서 재성(財星)의 위치이다. 남자에게 재성(財星)은 여자, 재물, 아버지를 의미한다.

> 배우자 여성을 선택할 시 여성 사주에 재성이 어디에 있는가는 결혼 생활에 결정적 영향을 미친다.
> 재성은 아버지와 아내를 의미하는데 아버지는 월주나 연주 자리에 있을 때 아내는 일지 자리에 있을 때로 구분해서 봐야 한다.
> 재성도 궁(宮) 자리에 따라 성(星)이 달라진다는 의미이다.

1. 정재(正財)가 천간(天干)에 있는 경우
의리는 있지만 무뚝뚝한 곰 같은 아내, 남편에 대한 존경심이 없다.

2. 편재(偏財)가 천간(天干)에 있는 경우
의리는 없지만, 눈치 빠른 여우 같은 아내, 남편에 대한 존경심이 없다.

3. 정재(正財)가 지지(地支)에 있는 경우
의리는 있지만, 눈치가 없는 아내로 남편에 대한 존경심이 있다.

4. 편재(偏財)가 지지(地支)에 있는 경우
의리는 없지만, 눈치가 있는 아내로 남편에 대한 존경심이 있다.
여성의 사주에 재성은 지지(地支)에 있는 것이 좋다. 왜냐하면 남편은 아내에게 존경받는 것을 선호하기 때문이다.

> 남편은 존경받고 아내는 사랑받는 구조. 아내에게 받는 존경은 사랑도 포함하고 있다.

남성 중심 사회가 만들어 낸 폐해라기보다 음양(陰陽)의 기질로 봐야 타당할 것이다.

이것은 남녀평등과는 다른 남녀의 차이에 기인한 것이다.

그러나 남자 사주에서 재성의 위치는 여자와 반대된다.

재성의 유무는 혼인 생활에서 매우 중요한 요소이다.

결혼은 상대에게 맞춰주는 행위, 즉 책임과 의무가 있기 때문이다.

재성이 없으면 상대에게 맞춰주는 행위가 잘되지 않는다.

위 내용은 사주 전체를 보고 판단해야 정확하며 절대적 기준은 아님을 밝혀둔다.

남성은 천간에 정재가 있으면 여성을 존중하고 아껴준다.

여성은 지지에 재성이 있으면 남편을 존경하고 따른다.

단 지지에 편재가 있으면 **여우 같은** 아내, 정재가 있으면 **곰 같은** 아내가 된다.

정재는 알뜰하고 의리가 있으며 참을성이 있다.

편재 아내는 재미와 눈치가 있으나 참을성이 없고 사치스럽다.

당신이 선호하는 아내는 편재? 혹은 정재?

2개가 지지에 다 있으면 2개의 성향이 모두 있다.

재성(財星)의 마법

재성(財星)을 심리적 관점에서 보면 **계산, 예측, 욕심이다.**

이것을 다시 음양(陰陽)으로 구분하면 편재(偏財)와 정재(正財)가 된다. 이 둘은 매우 극명한 차이가 있는데

편재(偏財)는 개방적, 확장성, 과정, 유흥, 재미, 눈치, 요령

정재(正財)는 보수적, 안정성, 결과, 인내, 고통, 성실, 노력이다.

이것이 음양(陰陽)의 차이이고 힘이다.

예를 들어 무재(無財) 사주의 남자가 아내에게 선물을 한다고 가정해 보자.
이 남자는 계산과 예측기능이 결여되어 있다.
그래서 자신의 관점에서 자신이 필요하다고 생각하는 선물을 산다.
결과는 선물을 하고도 욕을 먹는다.

다이어트하는 아내에게 보약을 선물하는 남자가 바로 무재(無財) 사주인 것이다.
그러고는 안 먹는 아내에게 섭섭해 하고 삐지기도 한다. 따라서 무재(無財) 남자는 아내에게 물어보고 선물을 사든지 그냥 돈이나 카드를 주는 것이 낫다.

반대로 편재(偏財)가 잘 발달한 남자는 눈치와 계산, 예측력이 탁월하기 때문에 다음 주 동창회가 있는 아내에게 신상 명품 백을 선물한다.
아내는 이것 하나로 힘든 결혼 생활을 버틸 수 있는 에너지가 축적된 것이다.

이 차이는 아무것도 아닌 것 같지만, 결혼 생활에서 이혼과 백년해로의 중요한 포인트로 작용할 때가 많다.

정재는 편재와는 조금 다른 구석이 있다.

안정성을 추구하는 대신 쪼잔한 면이 있어 비싼 명품 백보다는 실용적인 선물을 선호한다.

그래서 사주고도 욕먹는 건 무재(無財)와 비슷하기도 하다. 다만 계산하고 예측하기 때문에 무재(無財)처럼 엉뚱한 선물을 사지는 않는다.

남자의 선물로도 그 남자의 성향과 사주를 파악할 수 있다.

일본 애니메이션 중에 '**고양이의 보은**'이라는 작품이 있다.

우연히 자신을 구해준 사람에게 고양이는 '쥐'를 잡아다 선물한다.

고양이의 보은이 사람에게는 혐오가 되는 것이다.

고양이의 마음은 무재(無財)의 마음이다.

따라서 무재(無財) 사주의 남자는 스스로 이렇게 생각하고 실천하라.

"나는 여자의 마음을 계산도 예측도 할 수 없다." 그냥 여자의 의견을 듣고 행동하자.

8. 사랑할 때 생기는 의문들

사랑과 좋아함의 차이

만난 지 얼마 안 된 연인들에게 첫 번째 찾아오는 의문은 사랑에 대한 상대의 마음이다.

나를 진짜 좋아하는 것일까?

아니면 나를 진심으로 사랑하는 것일까?

가끔은 내 마음도 정확히 파악되지 않을 때도 있다.

이런 느낌이 사랑일까?

아니면 그냥 좋아하는 것일까?

사랑하는 것과 좋아하는 것은 어떤 차이가 있는 것일까?

그로 인해서 내가 행복해지기를 바란다면 그를 좋아하는 것이고, 그가 나로 인해서 행복해지기를 바란다면 그를 사랑하는 것이다. 사랑하는 것과 좋아하는 것은 주체가 다르다.

"그 사람 때문에 아픈데, 계속 아픈 것을 선택하는 모순."
그래서 사랑은 '희생'이 포함된 무한 열정이다.

사주에서 '사랑'에 빠지는 시기는 길운(吉運)이 아닌 흉운(凶運) 때도 많다.

로미오와 줄리엣, 안나 까레리나, 베르테르는 흉운일 때 사랑에 빠졌다.

그렇다면 흉운 때는 사랑해서는 안 되는 것일까?

그러나 현실에서는 이들의 결말과는 다를 수 있다.

흉운(凶運) 때의 사랑도 동화처럼 해피엔딩으로 끝날 수 있다는 것이다.

운(運)은 늘 변화하기 때문에 그 시기만 잘 넘기면 흉(凶)은 길(吉)로 바뀔 수 있기 때문이다.

일간, 관성, 재성 합(合), 상관, 식신, 관성, 재성이 들어올 때 사랑이 시작된다.

사주는 사랑을 완성하는 중요한 정보를 가지고 있다.

언제 사랑이 들어올지 알려주고 끝내야 할 때도 알려준다.

그뿐만 아니라 어떤 사람을 어떤 시기에 만나야 사랑이 완성될 수 있는지도 선명하게 정보를 제공해 준다.

결혼과 연애의 환상

"인생의 가장 큰 비지니스는 결혼이다."라는 말이 있다.

특히 여성에게 더 비중이 있는 말이 아닌가 생각된다.

여성에게 결혼의 의미는 육아와 남편이라는 새롭고 낯선 세계로의 시작이다.

연애는 감정으로 하는 것이므로 결혼과는 전혀 다른 의미가 있다.

그런데도 여성들은 연애와 비교하여 결혼생활에 관한 환상과 로망을 꿈꾸고 있다.

그 환상은 대개 빠르면 3개월, 늦어도 3년 안에 산산조각이 난다.

그렇다면 어째서 연애와 결혼은 다른 것일까?

사랑은 인성(印星)과 식상(食傷)이 담당하고, 현실은 재성(財星)과 관성(官星)이 담당하고 있기 때문이다.

그중에 인성(印星)은 당당히 요구하고 받아내는 기운이고, 관성(官星)은 책임과 의무를 다하는 기운이다.

남성의 관성은 "나는 너에게 책임과 의무를 다했다"는 신호를 보내고, 여성의 인성은 "내가 너와 결혼했으니 너는 당연히 나를 더 많이 사랑해 줘야 한다"는 신호를 보낸다. 이 과정에서 갈등과 환상이 깨지는 현상이 발생하는 것이다.

연애에서는 드러나지 않았던 것들이 결혼에서는 적나라하게 드러난다.

연애는 그냥 감정만 있으면 할 수 있지만, 결혼은 내 것을 포기하고 상대에게 맞춰줘야 하기 때문에 어렵고 불편하다.

한 번도 그렇게 살아본 경험이 없는 아내와 남편은 당황스러울 수밖에 없다.

이때 관인상생(官印相生)이나 식신생재(食神生財)가 되었다면 기꺼이 희생정신이 발휘되어 상대에게 양보하고 맞춰주겠지만, 고집과 자기 색이 분명한 사주라면 이혼으로 이어질 가능성이 매우 높아진다.

이혼 이유 중에 경제적인 이유가 가장 높고 그다음이 성격 차이라고 한다.

그 이유는 경제적으로 안정되면 환상이 깨지더라도 참고 살 수 있기 때문이다.

이혼을 못 하는 여성 중 '자식, 경제력'이 이유인 경우가 80% 이상이란 통계가 있다.

사랑의 형태와 성격

"네가 힘들 때 항상 네 옆에 있을 거야."
"너도 내가 힘들 때 내 옆에 있어야 해."

인성이 발달한 여성은 사랑도 문서화, 정형화를 요구한다.

따라서 정관, 정인, 정재가 있는 여성에게 혼전에 동거하자고 하거나 술김에 잠자리를 요구했다가는 각서를 쓰고 인감을 첨부하라고 할 수도 있다.

한 마디로 어림없는 소리라는 의미이다.

반대로 식상이 발달한 여성, 특히 상관(傷官)이 있는 여성은 조건이 없다.

또한 십성(十星)의 위치도 매우 중요하다.

만일 여성 사주에 재성(財星)이 천간(天干)에 있으면 남성과 동등해지려는 심리가 강해져 큰 싸움이 되는 반면 재성(財星)이 지지(地支)에 있다면 기본적으로 남성을 존중하는 심리가 있어서 양보하고 참는다.

여기에도 음양(陰陽)에 따라 구분되는데 정재가 지지에 있다면 곰 같지만, 의리가 있는 현모양처의 기질이 있고 편재가 지지에 있다면 여우 같지만, 기대가 충족되지 않으면 미련 없이 떠나는 냉정함이 있다.

관성(官星)도 위치와 음양(陰陽)에 따라 다른데 여자 사주에서는 천간에 정관이 1개 있는 것이 가장 이상적이고 남자 사주에서는 정관이든 편관이든 식상과 적절하게 있는 것이 좋다(식신제살, 상관견관).

따라서 사주를 알고 연애와 결혼을 한다면 실패확률이 거의 없다. 대부분 자신의 안목을 통해 선택하기 때문에 실패하는 것이다.

남녀가 만나 사랑을 하고 결혼하는 과정은 인생에서 가장 중요한 행사이다. 그 중대한 행사는 인생의 행복과 불행을 결정짓는 핵심 요소이다. 그렇다면 행복한 연애와 결혼을 하기 위해서 가장 필요한 것들은 무엇인지 사주를 통해 알아보자.

연애는 사랑만 있으면 되지만 결혼은 책임과 의무가 더 중요하다.

그래서 연애할 때는 인성과 식상만 보면 되지만 결혼할 때는 재성과 관성을 반드시 살펴야 한다.

사랑은 **인성과 식상**이 담당하고 현실은 **재성과 관성**이 책임지기 때문이다.
따라서 연애와 결혼이 가장 이상적인 형태는 이 4가지가 잘 조화된 사주일 것이다.

인성은 요구하고 받아들이는 것이고 식상은 표현하고 주는 것이다.
재성은 경제와 현실 감각이고 관성은 책임과 안정성이다.

그리고 이 4가지 십성의 위치도 매우 중요하다.
천간(天干)에 있는지 지지(地支)에 있는지에 따라 다르고 일지(日支)에 있는지 월지(月支)에 있는지에 따라 또 다르다.

사랑의 본질

많은 사람들이 사랑하길 원하지만 실제로 사랑하는 사람은 적다.
            –에릭 프롬의 『사랑의 기술』 중–

사랑에 빠지기는 쉽지만 유지하기는 어렵다.
둘의 차이는 **'노력'** 여부이다.
사랑에 빠지는 행위는 노력할 필요가 없지만, 사랑을 유지하기 위해서는 노력이 필요하다.
연애는 '노력'에 대한 책임이 없지만, 결혼은 '노력'에 책임과 의무까지 보태어진다.
연애와 결혼은 전혀 다른 세계이다.

연애는 '즐거움'이고 결혼은 '생활'이기 때문이다.

한 남녀가 사랑에 빠져서 결혼했다면 그 사랑이 오래 유지될 가능성이 얼마나 될까? 이 질문에 대한 답은 서로 얼마나 '노력'했는가에 달려있을 것이다.

여기서 노력이란 각자의 의무와 책임을 의미한다. 남자는 돈을 벌고 여자는 살림을 하고, 주말에는 가족들과 행복한 시간을 보내고 시댁 처가 등의 경조사를 내 일처럼 챙기고 서로의 가족까지도 살펴주는 행위 등 결혼 문화 전반에 관한 사항들을 성실히 이행하는 것을 포함한다.

'연애'에는 없던 생소한 것들이 무한 반복되는 것이 바로 결혼이다.

과연 내가 꿈꿔왔던 사랑이 계속 유지될 수 있을까?
그래서 사랑은 시작보다 유지하기가 어렵다.
오랫동안 쌓아온 자신의 울타리가 한순간에 무너질 수 있는 것이 결혼이다.

찬란한 별들이 천둥소리에 놀라 사라지는 것처럼 사랑도 작은 불편함으로 쉽게 무너질 수 있는 밤하늘의 별빛 같은 것이다.
자신을 희생할 준비가 되어있지 않다면 사랑은 천둥소리에 달아나는 별이 될 것이다.

우리가 그토록 간절히 염원하는 '사랑'이라는 것은 생각보다 쉽게 무너진다. 가난이 들어오면 사랑이 나가는 것처럼 우리는 늘 불안정한 사랑에 기대어 착각 속에서 살고 있다.

그렇다면 '결혼'은 하지 말아야 하는 것일까? 이 명제는 사실 답이 없다. 각자의 선택일 뿐, 단지 '결혼'하려는 연인들에게 조언은 할 수 있다. **"과거의 이 남자가 미래의 이 남자이다."**

즉 사람은 쉽게 바뀌지 않는다. 내가 그 사람을 바꿀 수 있을지도 모른다는 생각은 가장 어리석은 착각이다. 결혼은 더 큰 행복을 위한 것이지만 자신을 버릴 준비가 되어 있지 않으면 지옥이 될 수도 있다.

결혼운이란

'**결혼운**'이란 정확하게 언제 어떻게 들어오는 것이 좋은지 명확하게 나와 있는 고서도 없고 제대로 아는 역술가도 드물다. 이런 이유로 '**결혼운**'에 대한 해석도 천차만별인 것이다.

남성에게는 '**재성(財星)**', '**관성(官星)**', 여성에게는 '관성(官星)', '식상(食傷)' 운(運)이 '결혼 시기'라고 막연하게 설명할 뿐이다.

언제 결혼해야 좋은지 누구를 어떻게 선택해야 하는지에 대한 설명은 전무하다.

예를 들면 여성에게 관성(官星) 운이 들어왔다고 가정해 보자. 보통 이럴 경우, 대부분의 역술가들은 '**결혼운**'이 들어왔다고 하며 길일(吉日)을 추천해 주기도 한다.

관성이 들어오면 전부 결혼 운일까? 실제 관성운 때 결혼하는 비율은 20%도 안 된다.

관성(官星)이 어떤 형태 어떤 자리로 들어왔는지, 편관(偏官)인지, 정관(正官)인지, 천간(天干)으로 들어왔는지, 지지(地支)로 들어왔는지도 묻지도 따지지도 않는다.

◉ 혼인운과 직장운 구별법

> 여성에게 관성운 관합운이나 식상운 식상합 운은 혼인과 관련된 운
> 이다. 이때 주의해서 봐야 할 것은 이것이 직주(직장과 주거)의 이동운
> 인지 또는 결혼운인지 구별해야 하는데 이것은 사주의 궁성(宮星)을
> 보고 판단해야 한다.
> 다소 복합하지만, 일주를 중심으로 운(運)이 형성되면 혼인운, 월주가
> 중심이 되면 직장이나 이동운일 가능성이 높다.
> 일주는 개인궁이고 월주는 사회궁이기 때문이다.

물론 기본적으로 육친(六親)상 여성에게 관성은 배우자, 남자를 의미한다.

그러나 '직업'이나 '심리'로 작용할 수 있고, 절대 남자를 피해야 하는 관성운(官星運)도 있다.

절대 피해야 할 관성(官星)운 때 만난 남자는 최악의 연애와 결혼을 만들기도 한다.

그러나 이런 여러 가지 경우의 수를 간과하여 사주를 감정하기 때문에 잘못된 결혼 시기와 최악의 배우자 선택이 나오게 되는 것이다.

그래서 사주 공부가 완벽하지 않은 상태에서 남의 사주를 감정하는 행위는 매우 위험한 일이다. 병(病)에 대한 처방이 잘못 내려진다면 그 해당 인생은 걷잡을 수 없게 망가질 수 있기 때문이다.

결혼 운(運)은 자신의 운(運)과 사주원국, 궁성의 위치, 상대의 운과 사주원국을 종합하여 판단해야 한다.

가장 확실한 결혼운은 여성의 경우 일지(日支)가 관성으로 남성의 경우 재성으로 삼합(三合), 육합(六合) 되는 경우이다.

이런 경우 변환 오행이 길신(吉神)이 되어 주면 천생연분이 된다. 합(合)은

긍정적인 심리 구조가 생기며 상대에 대한 몰입도 높아진다. 예를 들어 운(運)에서 일지에 관합(官合)이 만들어지면 여성은 남성에 대해 깊은 몰입감이 생기며 긍정적인 결혼관이 생성된다. 남성의 경우도 운(運)에서 일지(日支)에 재합(財合)이 만들어지면 여성에 대한 깊은 사랑과 긍정적인 결혼관이 생성된다.

이때 중요한 것은 합운(合運)이 지나가면 원래대로 돌아온다는 것이다.

긍정적인 결혼관은 부화뇌동으로 치부되고 상대에 대한 깊은 몰입은 원망과 분노로 변질될 수 있다. 때문에 합운(合運)이 아니라 합화(合化)가 더 중요하다는 것을 잊지 말아야 한다.

※ 합화(合化)란 합운(合運)으로 인해 변화된 오행기운.

잘못된 혼인 시기 '관고(官庫)'

'관고(官庫)'는 여성이 결혼 전에 꼭 기억해야 할 단어이다. 관성운(官星運)이 들어왔는데 '관고(官庫)'에 해당한다면 그 해는 남자를 만나지 않는 것이 상책이다.

관성(官星)운이 들어왔다고 좋은 혼인 운(運)이 들어온 것이 아니다. 오히려 결혼해서는 안 될 운이 들어온 것이다. 이것을 잘못 해석하면 혼인 운(運)이라는 엉뚱한 감정이 나오게 된다.

'관고(官庫)'는 관(官)이 무덤 속으로 들어갔다는 의미이다. 따라서 여성에게는 남편이 무덤 속으로 들어간다는 것이다. 이때 만나는 남자는 최악의 남자, 나쁜 남자일 가능성이 매우 높다.

이것을 결혼 운(運)이라 할 수 있겠는가? 이것은 그냥 흉운(凶運)이라고 하는 것이 맞다. 이런 운(運)이 들어온 경우는 남자 자체도 만나지 말고 이

직이나 창업도 하지 말아야 한다.

즉 결혼 운(運)은 형태별로 관찰해야 한다는 의미이다.

사주는 오행으로 구성된 4개의 기둥이다.

사주 감정을 위해서는 사주의 8글자와 오행을 음양으로 나눈 10개 글자를 분석해야 한다.

10-8=2, 따라서 아무리 좋은 사주도 완벽한 균형을 이룰 수 없다.

즉 세상에 완벽한 사주는 존재하지 않는다.

사주와 오행이 갖고 있는 숫자에 차이가 있다 보니 정확하게 맞아 떨어지지 못해서 아무리 좋은 사주도 완벽한 균형을 이룰 수 없는 이치이다.

세상에 존재하는 질병이 6만 개 정도 된다고 한다.

사주팔자는 이보다 더한 약 52만 가지의 경우의 수를 갖고 있고, 저마다 장단점도 모두 다르다. 때문에 사주의 병(病)이 약 52만 개 정도 된다고 가정하면 각기 다른 질병을 치료할 때마다 다른 처방전이 필요하듯이 사주에도 다양한 처방전이 있어야 하지 않을까? 52만 개 사주를 10개 정도의 처방전을 가지고 치료하기에는 불가능하다. 해당 사주를 해석하고 진단하고 사주에 맞는 처방을 올바로 내리기 위해서는 많은 노력과 연구가 있어야 한다는 의미이다.

궁합(宮合)은 특히 두 사주를 동시에 감정해야 하기 때문에 두 배 더 신경 쓰지 않으면 오류가 나기 쉽다.

▶ 잘못된 처방전 사례

"다른 곳에서는 올해 결혼 운이 들어왔다고 합니다."

답 관고(官庫)운이나 관합(官合)이 되어 기신(忌神)으로 바뀌는 운(運) 등
남자 자체를 만나서는 안 되는 운(運)이다. 최악의 남자를 만날 가능
성이 매우 높다.

"다른 곳에선 올해 좋은 남자를 만난다고 합니다."

답 남자가 아니라 직장 이동운, 이사운인 경우가 대부분이다. 일주를
기준으로 들어와야 남자운이다. 월지, 연지, 시지를 결혼운으로 보
기는 어렵다.
삼합(三合)의 경우도 왕지(旺支)가 반드시 일지에 있어야 한다.

"다른 곳에서는 올해 커피점을 창업하라고 합니다."

답 인성격, 편관격, 무재사주, 상관견관 등은 창업하는 순간 망한다.
사주를 전체적으로 보고 판단해야 하지만 실제 장사가 적합
한 사주는 약 20% 이하 정도밖에 안 된다.

"다른 곳에선 올해 공무원 시험을 공부하라고 합니다."

답 무관사주나 관고사주 등은 공무원이 될 수 없다.
관성이 온전하게 있어야 가능성이 있다.
전체 사주 중 약 20% 미만이다.

"다른 곳에서는 식상(食傷)이 많아 자녀가 많다고 합니다."

답 여성 사주에서 식상(食傷)이 자식을 의미하는 것은 맞지만, 많은 것은 차라리 없는 것과 같거나 못 하다.
부부 궁합에서 남편이 무관사주인데 여성은 식상과다 사주라면 이 부부에게는 자녀가 없을 가능성이 매우 높다.

필자에게 자주 있는 상담사례 중 일부이다. 일부 맞는 얘기도 있지만 대부분 엉뚱한 방향의 맞지 않는 이야기들이다. 즉 처방이 잘못된 경우가 많다는 것이다.

업상대체(業象代替)해야 할 사람에게 입고, 먹고, 마시는 종류의 장사를 권하고 무관(無官)사주에게 공무원 시험 준비를 하라고 한다. 이는 물고기에게 산에서 살라는 것과 같은 것이다. 사주의 특성을 파악하는 것은 사주 감정의 가장 기본이다.
그것이 파악되지 않으면 사주 감정은 의미가 없다.

혼인하기 어려운 사주들

결혼은 쌍무적 계약관계이다. 상호 역할을 분담하고 서로에게 책임과 의무를 이행하기로 계약한 법률적 관계인 것이다.
따라서 결혼은 사랑 없이도 유지가 가능할 수 있다.

결혼은 서로 맞춰주고 자신의 역할에 맞게 책임과 의무를 다해야 한다. 그래야 서로의 약속과 기대가 충족되고 결혼생활이 유지될 수 있다.
사주에 비겁(比劫)이 강한데 관성(官星)이 없는 남자는 책임과 의무는 하지 않고 대우만 받으려고 한다. 당연히 부부 갈등은 예고되어 있고 이혼으로 이어질 가능성이 매우 크다.

이런 경우, 잘사는 부부를 거의 본 적이 없다. 여성의 관고(官庫)사주도 남성의 입장에서는 매우 치명적으로 나쁘다. 하지만 사주팔자는 선택할 수 없다. 그렇다면 관고사주의 경우 잘살 수 있는 방법은 없을까? 사주에서는 관성은 음양(陰陽)으로 나눈다.

> 관고(官庫)는 사주에 관성이 전혀 없는 상태에서 토(土)의 지장간 속에 관성이 있는 경우이다.
> 특히 일지(日支)에 있을 때 그 작용이 뚜렷하게 나타난다.
> 육친은 흉(凶)으로만 나타나고 재물은 길흉(吉凶)이 섞여있다.

이를 편관과 정관이라고 하는데 비슷하면서도 다른 의미를 가지고 있다.

심리적 관점에서 보면
편관(偏官)은 제어, 책임감, 승부욕, 도전정신, 역동성.
정관(正官)은 제어, 책임감, 안정감, 무사안일, 보수성.

육친적 관점에서 보면(여성적 관점)
편관(偏官)은 애인 같은 남편, 진보적인 애인, 예측불허의 남자.
정관(正官)은 남편 같은 애인, 보수적인 남편, 안정감 있는 남자.
남성적 관점에서 관성(官星)은 자식에 해당하지만, 해석에 큰 의미가 없다.

사회적 관점에서 보면
편관(偏官)은 긴장감 있고 역동적인 업무가 어울린다(검찰, 경찰, 군인, 감사직).

정관(正官)은 보수적이고 안정감 있는 업무가 어울린다(일반직, 정무직, 공무원, 교사 등).

그렇다면 관고(官庫)는 남녀 모두에게 왜 가장 나쁘다고 하는 것일까?

여성과 남성에 따라 조금 차이가 있다. 여성은 육친적 관점, 즉 남편과의 관계가 나쁘고 남성은 심리적, 사회적 관점에서 나쁘다는 차이가 있다.

여성에게 관성(官星)이 관고(官庫)되었다는 것은 남편과의 관계가 좋지 않다는 것을 의미한다.

그 형태는 다양하게 나타날 수 있는데 이혼, 사별, 주말부부, 월말부부 등이 대표적이다.

여기에는 중요한 비밀이 숨겨져 있다.

진정한 의미에서의 관고(官庫)와 무늬만 관고가 있다는 것인데 무늬만 관고는 백년해로가 가능하지만 진정한 의미의 관고사주는 거의 사별, 이혼으로 연결된다. 그 구분은 합충극형(合沖剋刑)에 의해 정해진다.

이를 입고(入庫) 개고(開庫)라고 하는데 입고와 일부 개고도 입고와 같이 나쁜 작용을 한다. 이것은 여성의 일지를 기준으로 하며 오행의 특성과도 조금씩 미묘한 차이가 있다.

여성에게 배우자는 절대적인 영향을 미친다. 그런 배우자가 관고(官庫)되었다는 것은 인생의 절반이 암울해졌다는 의미도 된다.

물론 방법은 있으니 너무 절망할 필요는 없다. 업상 대체와 활인(活人)업 종사, 만혼 등으로 위기를 벗어날 수 있다. 실제 많은 분들이 관고사주로도 잘살고 있고 부자들도 상당히 많다.

고(庫)는 사회적 관점에서는 창고도 되기 때문에 재물을 쌓아 둘 수 있는 장소가 되기도 하는 것이다.

남성의 일지(日支)에 관고가 있다면 여성보다도 더 심각한 문제가 발생할 수 있다.

여성은 남자 문제만 극복하면 되지만 남자의 경우는 성격, 습관, 가치관 등을 바꿔야 하기 때문이다.

만약 남자아이가 관고(官庫)나 무관(無官)사주로 태어났다면 이 아이의 부모는 어릴 때부터 약속 지키는 법, 책임감, 명예, 자기 통제 등을 습관처럼 반복하여 가르쳐야 한다.

그렇지 않으면 이 아이는 자신은 물론 가족, 사회에서 암(癌)적인 존재로 전락할 수 있기 때문이다. 인간에게는 교육을 통한 저장능력이 있다. 즉 관성의 상실은 교육을 통해 극복할 수 있다는 것이다.

천성은 바꿀 수 없지만, 교육과 좋은 습관을 통해 자신을 발전시킬 수는 있다. 이를 과유불급(過猶不及), 중도(中道), 중화(中和)라고 한다.

남자에게 관성이 작동하지 않는다는 것은 자신을 통제하지 못한다는 의미가 있다. 자신을 통제하지 못한다는 것은 약속과 규칙을 지키지 않는다는 것으로 결국 범죄와 연결될 수밖에 없다.

많은 범죄자들 사주는 관고(官庫)이다. 미투(me too)에 관련된 연예인을 봐도 거의 무관이거나 관성이 무력해져 있다.

그런데 관고(官庫)는 무관(無官)보다도 훨씬 악의적으로 법을 파괴하고 유린한다.

극단적인 이기주의로 남이 어떻게 되든 상관없이 자신의 이익이나 쾌락을 위해 타인을 거침없이 해(害)한다.

마치 브레이크 없는 자동차라고 보면 된다. 자신이 감옥에 들어갈 때까지 악행을 멈추지 않는다.

남성의 경우도 강력한 관고와 무늬만 관고가 있다. 남자는 여성과 조금 다른데 합충극형(合沖剋刑)뿐만 아니라 사주원국에 관성의 유무와 위치에 따라 그 강도가 달라진다.

즉 사주원국에 만일 관성이 1개라도 있다면 무늬만 관고(官庫)이다. 그러나 원국무관인 상태에서의 관고는 매우 치명적으로 작용한다.

관성(官星)뿐 아니라 인성(印星), 재성(財星), 식상(食傷) 등도 고(庫)에 들어가지만, 관고(官庫)만큼 치명적이지는 않다.

예를 들면 식상(食傷)이 고(庫)에 들어가면 말을 잘못하고 멋없게 한다. 자신을 표현하는 일도 매우 서툴다. 그래서 때로는 미움을 사기도 하고 오해를 만들기도 한다. 하지만 여기까지이다. 다른 사람에게 해를 끼치고 감옥에 가지는 않는다.

사랑, 최악의 합운(合運)

불행한 사랑은 최악의 합운(合運)이 만들어 낸 동화 같은 비극이다.

흔히 사주에서 합(合)은 좋은 작용을 하는 것으로만 알려져 있지만, 그렇지 않다.

합(合)은 경우에 따라 충극(沖剋)보다 더 나쁜 경우도 자주 발생한다.

길흉(吉凶)의 상황에 따라 변화하는 것이다. 합(合)도 충극(沖剋)도 상황에 따라 좋을 수도 나쁠 수도 있다. 길흉은 상대적인 개념으로 수시로 변화된다.

사랑은 일종의 예기치 못한 사건 사고와 같다.

내 의지로 결정하는 것이 아닌 내 무의식이 스스로 움직이는 것이다.

법률적으로 보면 '범죄구성 조각사유'에 해당한다고 볼 수 있다. 즉 책임성이 없어지는 것이다.

어린아이나 정신이상자가 실수로 던진 돌에 사람이 맞았다면 책임성이 없는 이치와 같다.

그러나 실제 사랑에 있어서는 내 잘못이 아닌데도 불구하고 가혹한 형벌이 기다리고 있다. 사랑은 법률이 아닌 관습을 따르고 있기 때문이다.

또한 자신이 선택한 사랑에 대해 엄한 책임을 묻는 것은 상대와의 약속을 지키기 위한 것도 있지만 가정이라는 새롭게 구성되는 것에 대한 책임성 때문이기도 하다.

영화 '잉글리시 페이션트'에서 남자 주인공 알마시 백작은 친구의 부인 캐서린과 사랑에 빠진다.

그들은 처음엔 자신들이 갖고 있는 '도덕적 의지'로 서로에게 향한 마음을 방어해보려 애쓴다. 하지만 그것이 얼마나 무기력한 것인지 금세 깨닫게 된다.

"밤이면 당신을 지우기 위해 온 생명을 다하지만, 아침에 눈을 뜨면 샘물처럼 다시 사랑이 차오른다."

"가장 행복한 때도 지금이고 가장 불행할 때도 지금이다."란 말로 알마시는 자신의 마음을 표현한다.

사랑에 있어 도덕적 의지는 따뜻한 햇살 아래 놓인 얼음조각상 같다.

즉 인간의 도덕적 의지만으로 본능적인 욕구인 사랑에 대항한다는 것 자체가 사람에 따라서는 불가항력적일 수 있다는 것이다.

사랑하는 여인 캐서린의 죽음 앞에서 알마시는 망설임 없이 죽음을 선택한다. 그의 죽음은 실연의 아픔으로 인한 자살이 아닌 그녀가 없는 세상에서 자신의 존재가치를 잃었기 때문에 비롯된 것이다.

인간은 목적이 있을 때 강해진다. 목적을 상실한 인간은 추락하는 새와 같다.

그는 사랑이라는 날개를 잃고 추락하는 비행기에서 가장 평화로운 표정을 짓는다.

> 사랑에 깊이 빠지는 성분은 운(運)에 의해서 시작되지만, 그 원인은 사주원국에 있다.
> 화목(火木)이 강하면서 식상 편관이 발달한 사람에게 잘 나타나는 현상이다.
> 사랑은 본능계의 상징이고 순수해야 깊이 빠질 수 있다.
> 화목(火木)은 순수한 관계 의지로 확산 성향을 만들어 내고 식상(食傷)은 본능적 감성계로 감정몰입을 깊게 만들며 편관(偏官)은 모험, 도전 기질로 관계를 위험에 빠뜨린다.
> 위 성분들이 조합되면 안정적인 사랑은 기대하기 어렵지만, 사랑이 매우 깊이 진행되는 경향을 보인다.

사랑하는 사람을 안고 절규하던 알마시는 그녀를 태우고 마지막 죽음의 비행에 나선다.

"우린 죽어요. 우리가 감췄던 이 동굴 같은 공포도 난 그걸 내 몸에 새기고 싶어요.

한 남자의 강력한 권한으로 지도에 그려진 경계가 아닌 진정한 국가처럼 당신은 날 바람의 궁전에 옮겨 싣겠죠. 그걸로 충분해요.

당신과 함께 갈 수 있다면 지도는 없어도 되죠."

캐서린은 자신의 운명을 이미 직감한다.

추락하여 겨우 숨만 붙어 있는 알마시에게 한 기자가 왜 조국을 배신했냐고 묻는다. 그는 간결하게 자신의 사랑을 표현한다.

"그녀 이외엔 아무것도 중요한 것이 없었습니다."

사랑은 이기적 본성을 지닌 인간이 하는 행위 중 가장 비논리적인 것이다. 인간은 이기적인 본능을 소유하고 있음에도 불구하고 때로는 자신의 모든 것을 희생하면서 기뻐하기도 하고, 더 큰 이익 앞에서 주저함 없이 불이익을 선택하면서도 행복해한다.

그래서 사랑은 신(神)의 영역이며 인간이 할 수 있는 가장 위대한 행위라고 하는 것이다.

이들의 사랑은 합운(合運)이 만든 아름다운 비극이다. 합운(合運)이 흉(凶)으로 바뀌면 뜨겁게 사랑하지만, 비극적인 마무리가 기다린다.

흉운(凶運) 때는 사랑하지 마라

사랑은 마라톤이다.
사랑에 있어 가장 중요한 것은 열정이 아니라 페이스 조절이다.
서로의 마음을 얼마나 오래 유지를 할 수 있는지가 사랑의 성패를 결정짓는 최대 요소이다.
뜨거워지는 것보다 지치지 않는 것이 참사랑이다.
그러기 위해서는 무엇보다 이성적인 판단이 선행되어야 한다.

이성적인 판단은 현실에서 사랑을 지킬 수 있는 힘이 되기 때문이다.
이성이 빠진 채 열정만 있는 사랑은 금세 흔들리고 쉽게 지치는 관계를 만든다.

열정과 이성이 함께 있는 사랑만이 오랫동안 변질되지 않고 그 향기를 유지할 수 있다.

그래서 외로울 때 빠진 사랑과 힘들 때 만난 사랑은 자유가 찾아오고 평온해지면 쉽게 변질된다. 사랑했던 이유가 사라지면 마음도 따라 식는 것이다.

흉운(凶運) 때 만난 사랑이 이별로 끝나는 것도 이 때문이다. 이유 때문에 생긴 만남은 그 이유가 해소되면 헤어진다.

그래서 사랑을 시작하는 것도 모두 시기가 있다.

좋은 운(運)에서 만난 사랑이 오래 유지된다.

자신의 사주와 운(運)의 관계에 따라 길운(吉運) 때 사랑을 시작하면 열정과 현실이 함께 있는 사랑을 할 수 있다.

순순한 사랑은 마음만으로 할 수 있지만, 사랑을 유지하고 지키는 것은 이성의 몫이다.

열정만 추구하는 사랑은 아직 어리다는 증거이고 현실만 추구하는 사랑은 너무 늙어버린 증거이다.

사랑은 열정과 현실이 적절하게 결합되었을 때 가장 이상적인 사랑이 된다.

사주 바람을 보다

"**바람을 피다.**" 혹은 "**바람이 났다.**"는 말의 사전적 의미는 배우자나 애인이 있는 상태에서 다른 이성과 정신적 육체적 관계를 맺는 행위를 의미한다.

바람은 '행위'의 문제라기보다는 '신뢰'에 관한 문제이기 때문에 치명적이다.

즉 행위는 **'질투 유발 행동'**이지만 신뢰는 두 사람 간의 **'기본적인 믿음'**이 깨진 것을 의미한다. 질투는 시간이 지나면 치유될 수 있지만, 신뢰는 한번 깨지면 복원되기가 쉽지 않다.

그래서 배우자나 애인이 바람 핀 사실을 알게 되었을 때, 이성에 대한 질투심보다 무너진 신뢰로 인해 이별하는 경우가 훨씬 더 많다.

사실 논리적으로 보면 사랑에 있어 **'배신'**은 바람이 아닌 본인을 사랑하지 않는 상태를 의미한다. 사랑한다고 약속해놓고 사랑하지 않는 행위, 그 자체가 더 문제인 것이다.

많은 연인들이 착각하는 것 중 하나는 **'감정의 몰입'**을 **'사랑'**으로 착각하는 것이다.

감정의 몰입은 보고 만지고 함께 있고 싶은 본능적 충동이며 사랑은 상대를 위해 희생하고 아파하고 믿어주고 뭘 줘도 아깝지 않은 이타적 마음 상태이다.

물론 남녀 간의 사랑은 이 두 개가 적절하게 결합된 상태로 나타난다.

그러나 진짜 사랑의 감정이 아닌 오직 감정의 몰입만 있는 상태를 **'사랑'**이라고 착각해서는 안 된다.

그렇다면 바람은 왜 나는 것이며, 언제 어떤 방식으로 발생하는지 살펴보자.

바람은 크게 두 가지로 나눌 수 있다. 기질적으로 타고난 **'카사노바형'**과 일시적 운(運)에 의해 생기는 **'안나 카레리나형'**으로 구분할 수 있다.

첫 번째, 타고난 바람기의 소유자는 사주원국 자체에 여러 가지 특징이 있다.

남성의 경우 재성(財星)의 과다, 재성이 합(合)이 있거나 일지(日支)에 재성도화(財星桃花)가 있거나 상관도화(傷官桃花)가 있는 경우이고, 여성의 경우는 관살혼잡(官殺混雜) 또는 관합(官合)이 되었을 때와 일지에 관성도화(官星桃花)나 상관도화(傷官桃花)가 있는 경우, 식상(食傷)이 많거나 인성(印星)이 관성(官星)과 합(合)한 사주의 경우도 비슷한 경향을 보인다.

만약 이 상태에서 운(運)이 가중되면 바람 정도가 아닌 색란(色亂)이 일어날 지경에 이른다.

타고난 바람기는 선천적인 것으로 스스로 절제와 노력으로 극복이 가능하다.

또한 배우자 선택 시 자신의 바람기를 잡아줄 수 있는 궁합을 선택하는 것도 좋은 방법이다.

두 번째, 운(運)에 의해 일시적으로 흔들리는 경우인데 대부분의 바람이 여기에 속할 것이다. 예외는 있겠지만 이런 바람은은 기다리면 대부분 지나간다.

여성의 경우 단순 바람과 색란(色亂)은 완전히 다른 것이다.
바람은 배우자나 애인이 있는 상태에서 다른 이성을 탐하는 배신 행위이지만, 색정(色情)은 운(運)의 영향으로 몸 상태가 바뀌는 것이다.
여성의 경우 사주에 수기(水氣)가 강하고 화기(火氣)가 없는 상태일 때 운에서 화기(火氣)가 강하게 들어오면 몸이 뜨거워지는데 이는 '난로 위의 주전자'로 표현할 수 있다.
난로 위에 주전자가 열을 가함으로써 끓어오르는 것과 같다.
물이 열기를 품고 수증기가 되어 확산되는 에너지가 색정(色情)이 되는 것이다.
남성보다는 여성에게 더 잘 적용되며 이럴 경우, 운동이나 기타 운동성이 강한 취미 생활로 극복할 수 있다.

심리적으로 외도, 바람은 일탈 행동의 하나이다.

인간의 본성은 새로운 것에 반응하는 구조로 되어있기 때문에 반복되는 것을 지루해한다.

때문에 흥미와 호기심을 충족시킬 수 있는 새로운 대상에 몰입하게 된다. **물론 헌것도 원래는 새것이었고, 새것도 시간이 지나면 헌것이 된다.**

"천국을 맛본 여자는 지상에 내려와 살 수 없다."

『실락원(失樂園, paradise Lost)』은 17세기 영국의 시인 존 밀턴이 지은 서사시를 일본의 소설가 와타나베 준이치가 패러디하여 1995년 니혼게이자이신문(日本經濟新聞)에 연재했던 장편소설이다. 가정이 있는 유부녀 린코의 사랑 혹은 불륜을 다룬 이야기로 영화로도 제작되어 큰 인기를 끌었다.

평범했던 38살의 가정주부 린코는 50세의 남자 쿠키를 만나 사랑에 빠지고 이혼이 무산되자 영원한 사랑을 위해 함께 동반 죽음을 택한다. 이들은 동반 죽음을 자살이 아닌 행복한 사랑의 감정을 영원히 유지하기 위한 아름다운 의식이라고 생각한다.
"지금 이 순간이 너무 행복해요, 그래서 행복한 지금 이 순간이 가장 두려워요.

행복이 언제까지 지속될지 모르니까요."
도덕적 잣대로 보면 이들의 죽음은 정당성이 결여되어 있다. 오직 자신들의 행복만 추구한 이기주의적 행위이기 때문이다. 그러나 비난만 하기에는 형용할 수 없는 고통과 번뇌가 느껴진다. 그것은 사랑의 감정이 자신의 의지대로 되지 않는 질병 같은 것이기 때문이다.
"당신과 만나는 것만 생각할래요, 계속 함께할 수 있었으면 좋겠어요"

사랑에 빠져있을 때는 사랑이 보이지 않는다.
모든 에너지가 한 곳으로 향해 있기 때문에 객관적인 판단 자체가 불가능한 상태이다.

이런 상태에서는 오히려 자유롭게 두는 것이 가장 최상의 방법이다.

시간은 마법처럼 감정을 훼손시키기 때문에 몰입된 감정도 시간이란 칼날에 무력해지기 마련이다. 이 세상에는 영원히 보존되는 것은 없으며 만들어진 것은 반드시 파괴되고 살아있는 것은 반드시 죽음을 맞는다.

> 남녀의 사랑에는 욕망(慾望)이 있다.
> 사랑과 욕망은 반대 개념이 아닌 상호 보완 관계로 사랑을 증폭시키는 역할을 한다.
> 욕망은 사주에서 합충형파(合沖刑破)가 만든다.

소설 속 이야기처럼 순간의 몰입된 감정에서 잘 벗어나지 못하는 경우를 '사랑의 중독'이라고 한다. 그리고 그 유일한 해독제는 '시간과 자유'이다.

즉 시간과 자유를 주면 대부분 스스로 무너진다.

단순 바람의 기간은 주로 짧게는 3개월 길어도 3년을 넘기지 못한다. 그런데 만약 3년을 넘는다면 바람이 아닌 '사랑'으로 인정해줘야 하는 경우도 종종 발생한다.

사주에서 바람과 사랑은 구분하지 않는다. 그저 하나의 자연현상일 뿐이기 때문이다. 내가 가지고 태어난 성적 에너지가 겉으로 드러날 때 이를 바람 혹은 연애라고 부르는 것이다.

이성에 대한 갈망을 '자연스러운 에너지 분출 현상'으로 보는 것이다. 또 그것은 사람에 따라 각기 차이가 있을 뿐 좋고 나쁜 것은 없다.

바람을 피우는 것보다 바람을 피우기 위해 거짓말을 하는 것이 더 나쁜 것일 수도 있다.

2차 세계대전 당시 독일이 저지른 만행 중에 성적 흥분이 높은 여성을 대상으로 인체 실험을 했는데 놀라운 결과가 나왔다고 한다.

'성적으로 흥분을 잘하는 여성의 갑상선이 일반 여성의 갑상선에 비해 2배 정도 컸다'고 한다.

즉 호르몬 분비량이 2배 높다는 것을 의미한다. 자신의 의지가 아닌 일종의 선천적 특징이라고 볼 수도 있다.

사주는 그런 면에서 매우 인간적인 학문이다. 선천적으로 타고난 음란한 사람이 바람을 피우는 행위에 대해 비난 대신 과유불급(過猶不及)이니 그 에너지를 다른 곳에 분산할 것을 권유해 준다. 바람은 신뢰를 무너뜨리는 행위이기 때문에 절대 해서는 안 되지만, 이보다 더 나쁜 것은 그 행위를 트집 잡아 폭력, 저주, 살인 등을 저지르는 것이다.

어떤 경우도 배우자에게 폭력을 행사해서는 안 된다. 여자를 때리는 남자는 남자가 아닌 범죄자일 뿐이다.

사랑이란 '새를 새장 안에 가두고 먹이를 주는 것'이 아닌 '새장 문을 열어 놓고 기다려 주는 것'이다.

성경을 읽는다는 목적으로 촛불을 훔치는 것이 합리화될 수 없듯이 사랑이란 이름으로 가해지는 어떤 폭력도 용납될 수 없다. 폭력은 그냥 범죄일 뿐이다.

의심의 아이콘 편인(偏印)

"사랑의 최대의 적은 의심이다."

편인(偏印)이 많으면 불필요한 의심과 걱정을 한다. 생각이 많은 것은 생각이 깊은 것과는 다르다. 잘 짖는 개가 좋은 개는 아니란 의미이다.

사주에 편인이 강하거나 편인격(偏印格)인 사람은 쓸데없는 생각이 지나치게 많아 뜬눈으로 밤을 새울 때가 많다. 심지어 불면증으로 건강을 해치는 경우까지 있는데 이를 '편인폐인(偏印斃刃)'이라고도 한다.

편인폐인(偏印斃刃)은 필자가 만들어 낸 용어이다.

편인은 의심으로 인해 스스로 사랑을 칼로 자르는 격이다.

'편인(偏印)'은 자유롭지만 외골수적이다. 재능은 넘치지만, 극소수만 그 재능을 쓸 수 있다.

그래서 어떤 재능도 발견하지 못하는 경우도 많다. 또 배우자 외도를 의심하여 의처증, 의부증이 잘 생길 수 있는 심리 구조이다. 밤새 혼자 상상의 세상을 헤매다 하얀 밤을 지새운다. 편인(偏印)은 체계와 순서가 없다.

인과관계에 대한 정확한 해석이 불가능하기 때문에 늘 심리적으로도 불안정한 상태이다.

자신의 생각이나 행동에 대한 확신이 약하다.

그러나 식신(食神)이 있을 경우, 육친상으로는 안 좋지만 식신(食神)의 깊이 파는 성분(전문성)과 편인(偏印)의 외골수(집중력)가 만나 위대한 발명이나 발견을 하는 천재성을 드러내기도 한다.

대표적으로 에디슨, 아이슈타인 같은 사람이 있다. 이런 경우는 극히 드문 예이고 대부분 안 좋은 작용으로 나타난다. 그 대표적인 증상이 '의심', '불안', '걱정'이다.

혼자 방 안에 누워 상상의 나래를 펴며 불안에 떤다.

이것을 치료할 수 있는 방법은 한 가지밖에 없다.

'내가 쓸데없는 의심과 걱정을 한다는 것을 알아차리는 것'이다.

그것을 깨달아야만 문제에서 빠져나올 수 있다. 필자의 지인 중에도 '편인격(偏印格)'으로 밤마다 불면증에 시달리는 분이 있었는데 색다른 처방을 해줬더니 좀 나아지고 있다고 한다.

색다른 처방이란 그 사람이 가장 집중할 수 있는 행위를 잡념이 생길 때마다 반복하는 것이다. 잡념이 사라지는 효과를 준다.

중국 진(晉)나라 때 악광이라는 사람의 집에 자주 놀러오던 친구가 갑자기 발길을 끊어버렸다. 이를 걱정한 악광이 친구네 집을 찾았는데 그 친구는 악광에게 이렇게 말했다. "지난번 자네 집에서 술을 마실 때 술잔 속에 뱀이 보였네. 그걸 마신 후 몸이 안 좋아져서 이렇게 몸져누웠다네." 이 말에 깜짝 놀란 악광이 곰곰이 생각해 보니 벽에 걸려 있던 활에 뱀 그림이 있었고, 그것이 술잔에 그림자로 비친 것이었다. 그 후 친구는 악광의 집에 다시 와서 벽에 걸린 활을 보고 병이 다 나았다고 한다. 술잔 속에 비친 뱀의 그림자를 보고 놀랐다고 하여 배중사영(杯中蛇影)이라 하는데 뜻은 쓸데없는 생각으로 의심하여 근심하는 사람을 빗대어 한 말이다.

실제로 사람이 하루 중에 고민하는 시간이 무려 평균 3시간 이상이라고 한다. 그중에서 해결되는 비율은 5% 미만으로 나머지 95%는 쓸데없는 고민에 불과하다는 통계가 있다.

그만큼 우리 인생에서 많은 시간을 쓸데없는 고민으로 허비하고 있다는 이야기이다.

따라서 고민을 단순화시켜 가벼운 마음으로 사는 것이 건강하고 낭비 없는 삶을 사는 비결이 아닐까 생각한다.

> 식신(食神)이 편인(偏印)을 보면 도식(倒食)한다고 한다.
> 도식(倒食)이란 식신을 깨뜨린다는 의미인데 최고의 길성인 식신이 부서지면 가장 먼저 건강이 문제가 되고 그다음 일자리이다.

최악의 배우자(여자를 때리는 남자들)

성범죄는 교육과 처벌이 함께 병행되어야 효과를 볼 수 있다.

"나는 수차례 'no' 했지만 그는 멈추지 않았다."영화 '피고인'에서 여주인 공은 끔찍한 성폭행을 당했는데 남성이 지배하는 사회적 시각에서는 성폭행의 원인을 그녀의 '야한 옷차림'에서 찾는다. 심지어 수사기관마저 그녀의 행동을 문제 삼으며 합의할 것을 종용하지만, 그녀는 당당하게 부조리와 맞선다.

그녀에게 정말 넘기 힘든 벽은 가해자보다도 남성 중심의 사회적 시선과 관념이다.

이 영화에서 어쩌면 그녀를 가해한 공범은 남성 중심 사회의 뒤틀린 여성관일 수 있다는 화두를 던진다.

지금 세계적으로 들불처럼 번지는 '미투(me too)' 운동도 유명인에게만 국한되고 이름 없는 보통 사람들에게는 아직은 먼 나라 이야기이다.

핑계도 다양해서 공소시효가 지나서 수사할 수 없거나 사실 관계가 불분명하다, 증거를 가지고 와라 등 아직도 이것이 범죄라는 사회적 인식이 부족한 느낌이다.

그래서 엄격한 처벌과 더불어 '교육'이 필요한 것이다. 학교 정규 교육을 통해 남녀가 서로 지켜야 할 예절과 규칙을 교육해야 한다.

"남녀가 동등하게 더불어 살아야 아름다운 사회가 될 수 있다."라는 믿음을 심어줘야 한다.

사주에서 성범죄에 관련한 특징은 비교적 뚜렷하게 난다.

1, 자기 제어장치인 관성(官星)이 없을 때
2, 일지(日支)에 상관(傷官), 목욕(木浴), 재성도화(財星桃花)가 있을 때
3, 금기(金氣) 화기(火氣)가 지나치게 강할 때
4, 삼형살(三刑殺), 도화(桃花), 귀문살(鬼門殺) 등이 직방운으로 들어올 때

사주에 관성, 즉 통제장치(브레이크)가 작동하지 않으면 범죄와 관련이 깊은데 이때 성욕이 강한 사주 구성이 되면 성 관련 범죄가 일어나기 쉽다.

특히 위험하고 조심해야 할 경우는 특수강간으로 흉기를 이용하거나 2인 이상 성폭력 행위인데, 필자가 임상해본 결과 관고(官庫)사주이거나 무관(無官)사주면서 금기(金氣), 화기(火氣)가 지나치게 강하고 형충(刑沖)이 많은 사주에서 이와 관련된 범죄가 많이 나왔다.

특수강간, 어린이 성폭행 등과 같은 강력 성범죄는 사회적으로 영원히 격리할 필요가 있다. 화학적 거세나 교육만으로 이미 괴물로 변한 그들을 통제하는 것은 불가능하기 때문이다.

범죄자들도 물론 인권은 있다. 하지만 범죄자들의 인권을 보호하기 위해 선량한 인권이 희생된다면 '정의'는 의미 없는 구호가 될 것이다.

법에서 **'피해 복구가 불가능하다'**란 의미는 사람이 사망했을 때 주로 사용한다.

그러나 과연 '잔인하게 성폭행당한 사람'이 살아있다는 이유로 '피해 복구가 가능하다'고 할 수 있겠는가.

성폭행은 **'돌이킬 수 없는'** 범죄이다.

최대 범죄 구성의 3대 순위는 재산 관련 범죄, 성범죄, 폭력 행위 범죄이다.
이 3개의 범죄가 전체 범죄 중 80% 이상을 차지하고 있다.
그중 성범죄는 살인, 강간치상, 특수강간 등 강력 중범죄와 관련이 가장 깊다.
성욕이라는 욕망을 억제하지 못해 벌어지는 가장 참담한 범죄임에도 불구하고
관대한 처분이 내려지는 경우가 대부분이다.
욕망은 습관적으로 발생하기 때문에 매우 엄하게 처벌하지 않으면 재발 위험성
이 매우 높은 특성이 있다.

"연인 간의 폭력은 영혼을 말살하는 가장 추악한 범죄이다."

오래전부터 '데이트 폭력'과 가정 폭력은 늘 있어왔다. 단지 지금은 여권
의 신장과 정보통신의 발달로 데이트 폭력이 수면 위로 드러났을 뿐이다.

물론 오랜 시간 동안 남성중심의 사회구조가 만들어 낸 기형적 연애문
화로 이를 방치한 것도 부인할 수 없는 사실이다. 중요한 것은 폭력에 대
한 사회적 인식이다. 사회가 그것을 용인하는 분위기로 변한다면 폭력이
조장되는 사회가 될 것이기 때문이다.

"남녀 간의 사랑 싸움이다.", "남의 가정사에 개입하지 말자."

"부부 싸움은 칼로 물 베기다.", "맞을 짓을 했겠지."

잘못된 남성중심 문화가 만들어 낸 폭력문화의 산물인 것이다.

**여자와 아이에게 폭력을 행사하는 남자에게는 특수폭행 상해죄로 가중
처벌해야 하고 정신과 치료를 의무적으로 받게 해야 한다.**

여자를 때리거나 위협하는 남자들의 유형을 보면 한 가지 분명한 특징
이 있다.

'감정 기복이' 심하다.

표정이 수시로 변하고 별거 아닌 일에 갑자기 화를 심하게 내는 경우,
전화를 너무 자주 하는 등 의심이나 집착도 포함된다. 여성들은 이를 자

신에 대한 관심이라고 착각하는 경우가 많은데 중요한 것은 일단 뭔가 심리적으로 불편하면 위험 신호라는 것이다.

"사주에 관성(官星)이 없는 남자는 무조건 피하고 보자."

관성이 없는 남자는 피해야 할 남자 1순위이다. 식신, 정인, 정재 등이 잘 구성되어 있으면 관성이 없더라도 폭력적인 성향은 현저히 떨어진다.

관성(官星)이 발달했거나, 관인상생(官印相生), 식신제살(食神制殺)이 된 남자 사주는 여성을 존중하고 보호하려는 심리가 강하다. 절대 여성에게 비신사적인 행위를 하지 않는다.

● 여자에게 폭력을 행사하는 남자의 사주 특징

1. 사주에 관고(官庫) 혹은 관성(官星)이 없는 남자
2. 간여지동(干如支同), 천극지충(天剋支沖), 충형살(沖刑殺)이 많은 남자
3. 겁재(劫財), 편재(偏財), 편인(偏印), 상관(傷官) 등이 많은 남자
4. 귀문관살, 천라지망, 상관견관된 남자 사주
5. 종왕격(從旺格) 금기(金氣)가 강한 사주
6. 화금(火金)이 강한 사주

위 1번이 가장 명확하고, 그 외에는 여러 상황들이 혼잡하게 결합되어 있다.

데이트 폭력은 먼저 언어 폭력으로부터 시작된다.

한 번의 폭력 허용은 두 번, 세 번 계속 이어지는 속성이 있다.

단 한 번의 폭력 행위도 결연한 거부 의지를 보여 주는 것이 중요하다.

여성과 아이를 보호하고 지켜주는 것은 남자의 의무이자 인류의 최고 가치이다.

"데이트 폭력은 인격을 말살하는 가장 추악한 범죄이다."

단 한 번의 데이트 폭력도 '원아웃' 시켜야 한다. 경찰청이 국회에 제출한 자료에 의하면 지난 5년간 데이트 폭력 피해 신고자 36,363명 중 사망자가 무려 290명이나 된다고 한다.

우리나라 국회의원 수(300명)와 비슷한 여성분들이 데이트 폭력으로 사랑했던 남자에게 비참하게 죽었다. 얼굴의 형체를 알아볼 수 없을 만큼 종일 맞다가 죽은 경우도 있었다.

"이것은 데이트 폭력이 아닌 고문이며 살인이다."

우리나라 국회의원과 정치인들이 범죄자 인권을 운운하는 동안 우리의 이쁜 딸이자 여동생 누나들이 고문당하고 살해당하고 있다는 사실을 잊지 말아야 한다. 데이트 폭력, 가정 폭력이 얼마나 비인간적이고 흉악한 범죄인지 우리 사회 모두가 관심과 의지를 보여 줄 때가 되었다.
"인권은 보호할 가치가 있는 인권만을 보호해야 한다."

요즘 세상을 뜨겁게 달구는 '미투(me too)' 운동은 여권이 신장된 덕도 있지만, 그동안 관행적으로 잘못된 것들을 바꾸는 시기, 즉 음양(陰陽)의 조화가 만들어 낸 역사적 사건이다.

부계 중심의 사회가 생성된 지 수천 년 동안, 여성은 남성의 내조자 혹은 부속된 인격체로 인식되었던 것이다.

그러나 자연에서도 음양(陰陽)은 역할이 다를 뿐 높낮이는 없다.

즉 부계 중심의 사회는 음양(陰陽)의 균형 법칙을 무너뜨리는 것이며 음양(陰陽)의 균형이 무너졌기 때문에 인류는 전쟁과 무질서 등 엄청난 재앙들과 마주하게 되었다.

'미투(me too)' 운동은 이런 점에서 매우 큰 의미가 있다. 치우진 것에서 균형을 이루려는 노력이다. 성폭력은 인권을 침해하는 가장 극명한 범죄이다. 상대방 의사에 반한 모든 성적 행위가 이에 포함된다.

"하지 마.", "안 돼.", "싫어." 이것 중 하나면 충분한 의사 표현이 된 것으로 받아들여져야 한다.

필자가 경찰에 몸담고 있을 때 성범죄자 중 일부는 자신의 성폭행 행위를 정당화시키는 수단으로 "여자도 처음에는 싫다고 했지만, 나중에는 거부표시를 안 했으니 같이 합의하에 즐긴 것이다."라고 주장하는 경우를 종종 봤다. 윤리적으로나 법적으로도 받아들일 수 없는 주장이다.

피해자가 'NO'란 의사표시를 했음에도 'STOP'하지 않으면 가해자이고 범죄자일 뿐이다. 그래서 피해자도 반드시 'NO'란 의사 표시를 해야만 법적으로 보호를 받을 수 있다는 점을 명심해야 한다.

여성은 남자와 음양(陰陽)이 다른 똑같은 인격체이다. 남자의 어머니이고, 딸이며, 아내이자 여동생, 누나인 소중한 존재란 의미이다.

남성은 반드시 자신의 사주를 보고 자신의 사주에 관성(官星)이 없거나 무력(無力)하다면 범죄에 취약할 수 있다는 것을 인식하여 평소부터 자신을 통제할 수 있게 마음의 수행을 해야 한다.

90년대 이후 학교 폭력이 잔인해지고 흉포(凶暴)화되는 원인은 음양(陰陽)의 균형이 무너진 탓이다. 우리의 소중한 아이들이 1년에 무려 115명(2017년/초중고 기준)이나 스스로 목숨을 끊는다고 한다.

그렇다면 음양(陰陽)의 균형이 왜 무너진 것일까? 국가가 성비(남녀)나 출생률에만 집중하는 동안 정작 '음양(陰陽)의 균형'에 대해서는 어떤 관심이나 정책도 없었던 것이 음양(陰陽)의 균형이 급격히 무너지는 원인이 되었다.

"밤에 태어난 아이들이 사라진 것이다."

70년대 이후 소득수준이 높아짐에 따라 대부분의 출산은 병원에서 이루어지기 시작했다. 따라서 특별한 경우가 아니면 야간이나 새벽에 아이가 태어나지 못하게 되었다. 병원 문이 열리는 오전 9시~저녁 6시에 맞춰 출산이 이루어지다 보니 그런 결과가 만들어진 것이다.

태양이 떠 있을 때 태어난 아이들과 달이 떴을 때 태어나는 아이는 성향적으로 큰 차이가 있다. 낮에 태어난 아이는 양(陽)의 기질이 나타나고 밤에 태어난 아이는 음(陰)의 기질이 나타난다.

그런데 이 균형이 무너지자 양(陽)의 기질만 너무도 강해져 ADHD(주의력 결핍과 과잉행동장애), 분노조절장애 등 정서불안인 아이들이 많아지기 시작한 것이다.

'밤에 태어난 아이들이 사라진 나라'는 행복 만족도가 결코 높아질 수 없다.

이제라도 국가가 적극적으로 나서 '야간에도 출산할 수 있는 정책'을 펴야 한다.

야간 분만 의료 수가를 높이는 등 그 방법도 어렵지 않다.

이것은 학교폭력과 아이들의 자살방지의 근본적인 해결책이다.

음양(陰陽)이 무너진 사회는 말하는 사람만 있고 듣는 사람은 없는 사회이다.

그런 의미에서 미투(me too)운동은 음양(陰陽)의 균형을 맞추기 위한 위대한 출발이다.

여성의 사회적 지위가 남성과 동등해질 때 모두가 행복해지는 사회가 될 수 있기 때문이다.

양(陽)의 기운이 넘쳐나는 이 사회에서 미투(me too) 운동은 가뭄 속에

단비와도 같은 역할을 할 것이다.

낮만 있는 세상, 밤이 없는 세상을 상상해 보라. 음양(陰陽)은 균형이고 균형은 아름다움의 극치이다.

부처는 중도(中道)를 통해 깨달음을 얻으셨고, 공자는 중용(中庸)을 통해 군자가 될 수 있었다.

미 투 운동과 야간 출산은 균형을 위한 인류 최고의 혁명이다.

제3장

사주,
인생을 디자인하다

너에게 나온 것은 너에게로 돌아간다.

-맹자-

간결하지만 참으로 무서운 말이다. 나를 대하듯 남을 대하고 자신을 존중하듯 타인을 존중하라는 의미이다. 요즘 자주 발생하는 갑질 사건은 이 말의 의미를 새삼 떠올리게 한다.

내가 하기 싫은 일은 남에게도 시키지 말라.

-공자-

평범한 말이지만 진리가 담겨있는 위대한 인류 최고의 사상이다.

이 마음은 인(仁)에서 비롯되었다. 이것을 행동으로 드러나게 한 것을 예(禮)라고 한다.

예(禮)란 상대를 존중하고 사랑하는 마음이 드러나는 것을 말한다.

2500년이 지난 지금 아직 이것을 뛰어넘을 더 이상의 사상도 철학도 나오지 않았다.

부처, 공자, 예수, 소크라테스의 가르침은 모두 일맥상통한다.

그래서 이들을 세계 4대 성인(聖人)이라 칭하는 것이며 인류 최고의 인문학적 자산이다. 이들의 표현은 다르지만, 공통분모는 인류 최고의 가치인 사랑 자비 어진 마음(仁)으로 모두 같은 것이다.

"사람의 신분은 오직 자신의 행위에 의해 결정이 된다."

-부처-

카스트(caste)제도라는 엄격한 신분제가 있던 인도에서 브라만 계급에게 설법하셨던 부처의 이 말씀은 지극히 당연하지만 위대하고 용기 있는 법문이다.

자신의 행동이 곧 자신의 인격이 되고 자신의 신분이 된다는 평범한 진리는 공동체를 살아가는 우리에게 시사하는 바가 크다.

늘 자신의 행동과 언행을 신경 쓰는 것이 사주에서는 관성(官星)의 역할이다.

성인(聖人)들의 사주에는 편관(偏官)과 식신(食神)은 반드시 있을 것으로 추측된다.

식신제살(食神制殺)이 되어야만 위기와 고난을 해결하고 위대한 경험과 결과를 얻을 수 있기 때문이다.

따라서 내 사주에 식신제살(食神制殺)되어 있다면 나도 위대한 지도자가 될 수 있다는 생각으로 열심히 노력해야 한다.

> ※ 카스트(caste)제도
> 수천 년간 인도인의 생활 규율 역할을 해 온 카스트제도는 현재 법적으로 폐지되었으며 근대화 및 교육의 영향으로 점차 약화되고 있다. 그러나 아직도 많은 인도인들의 일상생활에 큰 영향을 미치는 사회 관습으로 존재하고 있다. 카스트(caste)제도는 아리안족이 인도를 정복한 후 소수 집단인 지배계급이 피지배계급에 동화되는 것을 방지하기 위한 목적에서 출발한 것으로 알려져 있다.
> 피부색 또는 직업에 따라 승려계급인 브라만(brahman), 군인·통치계급인 크샤트리아(ksatriya), 상인계급인 바이샤(vaisya) 및 천민계급인 수드라(sudra)로 크게 나누어지며, 이 안에는 다시 수많은 하위카스트(subcaste)가 있다.
> 최하층 계급으로는 불가촉천민(不可觸賤民, untouchable)이 있다.

1. 명예와 욕심의 부조화

"욕심을 조절할 수 있다면 그는 이미 깨달은 자이다."

인생의 고통과 번뇌의 출발점이 '욕심'이기 때문이다.

'조심'이란 말의 어원은 원래 '마음의 조절'이란 의미를 담고 있다.

조심은 우리가 매일 쓰는 단어들 중 가장 많이 사용하는 단어일지도 모른다.

"차 조심", "감기 조심", "사람 조심" 등. 우리 주변에는 늘 조심할 것투성이다.

관용구처럼 쓰이는 이 말의 의미는 매우 위대한 뜻이 숨겨져 있었다.

'고를 조調 마음 심心', 마음을 조절하다.

'잡을 조操 마음 심心', 마음을 잡다.

사주에서 욕심은 재성(財星), 식상(食傷), 겁재(劫財)와 깊은 관련이 있다.

또 명예, 책임, 통제는 관성(官星)이 담당하고 따뜻한 마음은 인성(印星)에서 나온다. 즉 사랑은 관인상생(官印相生)이 만든 기적으로 관성과 인성이 만나면 최고의 제3성분이 도출되는 것이다.

합(合)과도 비슷한 원리인데 사주에서 가장 필요한 길신(吉神)으로 바뀐다는 의미가 있다. 관성은 자신을 제어하고 희생정신과 책임감을 인성에서 내어준다.

인성은 그런 관성의 힘을 받아 사랑의 완벽한 형태인 어머니의 마음을 만들어 내는 것이다

만약 관인상생(官印相生) 대신 식신생재(食神生財)가 있다면 계산기가 작동

되어 어떤 것이 나에게 이익이 될지 우선적으로 궁리하고 있을 것이다. 관인(官印)이 상생되어 잘 작동하는 사람들은 대개 반듯하고 그릇이 크다. 여성의 경우는 현모양처의 형태로 나타날 것이고, 남자의 경우는 신사의 이미지로 나타날 것이다.

배우자의 선택기준에서 어떤 것을 기본으로 봐야 하는지 가장 우선해서 선택해야 한다면 단연 '관인상생(官印相生)'이다. '식신재생(食神財生)'만으로는 삶을 가치 있게 만들지 못하기 때문이다.

그러나 잊지 말아야 할 것은 '관인상생(官印相生)'과 '식신재생(食神財生)'이 대비하는 모습일지라도 음양(陰陽)의 이치와 마찬가지로 무엇이 좋고 나쁜 것이 아닌 함께 있어야 아름다운 균형의 미(美)가 생성된다는 것이다.

재생관(財生官)이란 재성(財星)이 관성(官星)을 생(生)해 준다는 의미인데 재생관(財生官)보다는 재견관(財見官)이 더 맞는 단어이다.
편재가 관성을 보면 욕망의 불덩이로 변하기 때문이다.
편재는 욕심이고 관성은 갖고 싶은 권력과 명예이다.

즉 편재(偏財)가 관성(官星)을 보면 관성을 생(生)해 주는 기능보다 관성을 탐하는 성분이 더 커진다. 거기에 겁재까지 있다면 불법, 편법 등 물불을 안 가리고 권력을 좇다가 천길 절벽으로 떨어지는 상황이 발생하는 것이다.

많은 정치인들과 고급공무원 심지어 판사, 검사까지 '재견관(財見官)'을 탐하다가 한순간 추락하는 모습을 역사를 통해 우리는 수없이 많이 보았고 앞으로도 보게 될 것이다.
셰익스피어의 4대 비극 중 『리어왕』은 한순간의 잘못된 판단이 얼마나 큰 비극을 가져오는지 잘 보여준다. **상관견관(傷官見官) 운이 들어오면 착각에 빠진다.**

리어왕은 간사한 두 딸의 말에 속아 자신의 권력을 내어주고 배신당한 채 분노와 절망으로 광란하며 복수를 꿈꾼다. 그런데도 자신의 잘못된 판단으로 추방했던 미안하고 불쌍한 셋째 딸, 코델리아는 프랑스 왕비가 되어 자신을 버린 아버지를 구하러 온다. 그러나 코델리아는 전쟁에서 패하고 아버지와 함께 포로가 되어 병사의 손에 교살된다. 리어왕은 죽은 딸의 시체를 안고 슬픔을 못 이겨 절명한다.

재성(財星)은 모사에 능하고 거기에 상관(傷官)과 결합되면 부정적인 에너지가 만들어진다. 이럴 때 상관이 정관을 보면 반드시 흉화(凶禍)가 따르는데 이 흉화(凶禍)의 근본은 착각에서 오는 것이다. 욕심이 눈을 가려 상황과 대상을 왜곡해서 보는 것이다. 재성(財星)의 단점은 의심이 강하지만 그 의심이 일단 해소되면 확신으로 변하여 엄청난 일을 저지른다. 그러나 이때 해소된 의심은 속임수이거나 착각일 가능성이 매우 높다. 욕심이 없는 사람에게는 '속임수' 자체가 불가능하다. 욕심이 없다는 것은 마음이 청정하여 사물이나 상황이 정확하게 인식되기 때문에 속임수가 통하지 않는 이치이다. 속임수는 욕심에서 비롯되는 것이다.

따라서 재성(財星)은 비견(比肩)으로 통제되고 식상(食傷)으로 흘러줘야 반듯한 성공을 가져올 수 있다.

어리석음은 욕심을 만들고 청정함은 지혜를 만든다.

2. 견물생심(見物生心), 돈은 욕망이다

고대 철학자들은 욕망의 시작을 보는 것에서부터라고 생각했다. 견물생심(見物生心), 즉 대상을 보면 마음이 생겨나는 것이 인간의 정신 구조이다.

관성(官星)은 사주에서 반드시 필요한 오행이지만 너무 많아도 문제이고 없어도 문제인 대표 오행이다. 그에 비해 재성(財星)은 많은 것보다는 차라리 없는 것이 낫다. 재성은 기본적으로 관성을 생(生)해주는 구조이지만 자칫 잘못하면 관성(명예)까지 함께 추락할 수 있다는 것을 잊지 말아야 한다.

> 관성(官星)은 육친상 여성에게 남편, 남자에게는 자식,사회적으로는 직장, 명예, 규범, 직책, 심리적으로는 통제, 제어, 명령, 책임, 충성이다.

사주에 관성(官星)이 전혀 없는 경우는 크게 두 가지로 나눈다. 천지무관(天支無官)과 원국무관(原局無官)이다. 천지무관은 사주에 관성이 전혀 없는 것을 의미하며, 원국무관은 지장간 속에 숨겨져 있는 관성을 말한다.

그렇다면 2개의 무관(無官)사주는 각각 어떤 특징이 있을까 살펴보자.

천지무관은 지장간(支藏干)을 포함하여 관성이 전혀 없는 상태이며 특징으로는 여성의 경우, 남성을 무시하고 스스로 리더가 되어 이끌고 나가려는 힘이 강하다. 즉 사회적으로 매우 독립적이고 스스로 운명을 개척하려는 힘이 있다.

요즘 많은 여성들이 남자에 의존하지 않고 당당하게 살아간다.

천지무관 사주들의 모습이다.

단점이 있다면 직장이 다소 불안정할 수 있다는 것이다.

반면에 원국무관 사주는 관성이 어떤 지장간에 위치하고 있는지 먼저 살펴야 하는데 일지(日支)에 있는 경우가 가장 영향력이 크다.

기본 성향은 남성에게 의존하려는 경향이 있으나 좋은 남자와 인연을 맺기가 어렵고 대개 결혼도 늦게 하는 편이다.

따라서 천지무관이 원국무관보다 경우에 따라 나은 경우도 있다.

가장 큰 문제는 관성(官星)이 지장간 고(庫)에 들어갔을 경우이다.

이를 관성입묘(官星入墓)라고도 하는데 관(官)이 무덤에 들어가 있는 상태를 의미하는 것으로 여성의 경우 남편과 이혼 사별하는 경우가 많고, 남성에 경우 범법자로 형무소에 가는 경우가 흔하다. 특히 옛날에는 여성의 경우, 관성(官星)이 입묘(入墓)된 사주는 파혼의 사유가 되기도 하였다.

그러므로 남녀 모두 결혼 상대를 정할 때 가장 먼저 봐야 할 것은 관성(官星)의 유무이며 만일 무관(無官)이라면 천지무관(天地無官)인지 원국무관(原局無官)인지 살펴보고, 원국무관이라면 관성(官星)이 고(庫)에 있는지 반드시 살펴야 한다.

궁합에서도 남녀 모두 무관사주(無官四柱)나, 관성입묘(官星入墓) 사주는 혼인 상대자로는 피하는 것이 상책이다.

다른 십성(十星)과 달리 관성(官星)이 흉(凶)으로 작용하는 경우는 인생 전체가 한 번에 뒤집힐 수 있는 힘이 작동한다. 주로 엄청난 태풍은 상관견관(傷官見官) 운(運)에서 발생하며, 상관(傷官)이 관성(官星)을 친다는 것은 사회적으로 형성된 안전한 나의 울타리가 사라져 버린다는 의미이다.

정치인이나 유명인들 중 이런 운(運)에서는 속된 말로 "한방에 간다."는 표현을 쓰기도 하는데 승승장구하다가 한순간 나락으로 떨어지는 경우도 많이 있다.

반대로 재성입묘(財星入墓)는 관성입묘(官星入墓)와 다르게 좋은 작용을 하는데 이는 재물의 특성 때문이다. 고(庫)에 있어도 좋은 십성(十星)은 재성(財星)뿐이다. 그래서 재성(財星)만이 정편(正偏)에 관계없이 길신으로 분류한다.

"monny monny 해도 money가 최고(뭐니 뭐니 해도 머니가 최고)."

재성(財星)은 재물을 의미하고 고(庫)는 창고를 나타내기 때문에 고(庫)에 재물이 있다는 것은 금은보화가 창고에 보관되어 있다는 것과 같은 의미이다.

무재(無財)사주가 지장간(土) 속에 재성(財星)이 있는 경우, 큰 부자들이 많은 이유도 바로 이 때문이다. 남자에게 무재사주는 돈도 여자도 없다? 전혀 근거 없는 소리다.

모 그룹 회장님들 중에 무재사주가 있고, 재벌이나 부자들 중에도 무재사주는 차고 넘친다.

천지무재(天地無財)인지 원국무재(原局無財)인지에 따라 달라지겠지만 무재사주 중 오히려 가난한 사람과 아내 없는 사람을 찾기 어렵다.

재성과 관성은 이러한 점에서도 상당히 대비되는 성분이다.

다만 남성의 경우 무재사주는 재물과 여자에 대한 욕망이 크다.

재물은 인간의 욕망 구조 중 가장 강렬하다.

실제 형사범죄 중 가장 큰 원인은 돈이고, 자살, 이혼 원인 중 1위도 경제적 이유이다.

재물은 보는 순간 갖고 싶은 욕망에 사로잡힌다.

"황금 보기를 돌같이 하라."라는 최영 장군의 말은 선비, 군자의 최고 가치를 나타낸다.

재물에 대한 욕망으로부터 내 마음을 견제하고 지켜줄 수 있는 것이 관인상생(官印相生)의 마음이다.

『반지의 제왕』에서 '반지'에 대한 강렬한 욕망은 현실에서의 재물에 대한 욕망과 가장 흡사하다. 가지고 싶은 마음을 제어하는 유일한 방법은 **내가 왜 저것을 갖고 싶은지 스스로에게 질문하는 것이다.**

100번쯤 질문하다가 보면 그저 파도처럼 한 번씩 일어났던 마음이라는 것을 스스로 깨닫게 된다.

마음은 이기려고 할수록 욕망만 더 커진다.

마음의 이야기들을 가만히 듣다가 보면 어느 순간 내가 가야 할 길이 선명하게 보이기 시작한다.

3. 마음의 구조

무소유의 의미

"종심소욕불유구(從心所欲不踰矩)."

공자는 칠십이 되어 "마음이 움직이는 대로 행동해도 진리(법)에 맞았다."라고 한다. 마음이 시키는 대로 따라가도 늘 이치에 맞고 평온한 마음이 유지된다는 것을 불가에서는 '열반'에 들었다고 한다.

※ 열반: 마음의 불을 *끄*다(분노, 어리석음, 욕심이 없는 상태).

우리는 늘 종심(從心)을 역행(逆行)하며 힘들어 한다.

즉 순수한 마음을 따르지 않으니 고통에서 벗어나지 못하고 있는 것인데 그 원인은 모두 '욕심'으로 인해 마음의 균형이 무너진 탓이다.

마음의 균형을 이루기 위해서는 우선 욕심의 크기를 줄이고 '무소유'를 실천하도록 노력해야 한다.

'무소유'는 아무것도 가지지 말라는 의미가 아니라 필요 이상의 것을 욕심내지 말라는 의미이다.

우리는 가져도 가져도 늘 허기지다. 마치 구멍 난 항아리처럼 우리의 마음은 채워지지 않는다. 구멍 난 마음을 채울 수 있는 것은 이미 가지고 있는 것에 대한 '만족'을 깨닫는 것이다.

나는 건강하다. 눈, 코, 입, 팔다리가 모두 있다.

오늘도 일할 수 있는 곳이 있고 나를 믿고 기다리며 걱정해 주는 가족들이 있다.

이러한 평범한 것들로 인해 행복해 하는 사람들은 우리 주변에도 흔히 볼 수 있다.

이들이 진정한 부자인 것이다.

사람의 마음 구조는 늘 가지지 못한 것에 대한 생각만 크게 나타난다.

속담에 "남의 떡이 더 커 보인다."란 말의 의미는 정확한 계산과 냉철한 판단 없이 욕망이 마음을 지배하고 있다는 의미이다.

> 이미 내가 가진 것에 만족하면 부자가 된다.
> 그러나 더 갖는 것에 집착하면 가난뱅이가 된다.
> 삶은 더 갖기 위해 살 때가 가장 불행하다.
> 왜냐하면 결국 아무것도 가질 수 없기 때문이다.

더 소유하려는 것에 익숙한 우리가 더 행복해지기 위해서는 무엇이 진정 필요하고 버려야 할 것인지 오늘, 한번쯤 돌아보는 시간을 가져보자.

인생의 모호성

사뮈엘 베케트의 『고도를 기다리며』는 상관의 혁신적 기질로 만들어진 철학 소설이다.

이 책이 발표된 1950년대는 소설이나 희곡 형식이 모두 기승전결 사건 위주의 서술방식이었다.

그러나 이 단편소설은 형식도 사건도 없다. 기존의 소설의 틀을 완전히 파괴한 독창적 형식인데 그 내용은 더욱 창조적이어서 마치 신(God)을 보는 느낌이다. 형식도 내용도 없는 이 소설에는 '인생은 모호한 기다림'이라는 명제만을 우리에게 던져주고 있다.

이 혁명적 소설의 줄거리는 작은 나무들이 있는 가로수 길에서 '블라디미르'와 '에스트라공'이란 남자 둘이 대화를 나누는 형식으로 구성되어 있다.

이 남자들은 '고도'라는 이름의 사람을 기다린다.

그런데 그들은 고도가 누구인지, 어떻게 생겼는지, 왜 기다리는지 이유도 모르는 채 고도를 기다린다. 심지어 고도가 실존하는지도 확신하지 못한다. 내용이라고 할 것도 없는 이 줄거리가 이 소설의 전부이다. 처음엔 이 소설이 노벨문학상을 받은 작품이라고는 믿기지 않았다.

그런데 이 책을 처음 접한 지 20년이 지난 지금도 '고도'는 늘 마음속에서 '미결 사건'으로 남겨져 있다.

인생에서 우리가 스스로에게 질문해야 하는 것은 나는 누구이고 무엇인지이다. 그 모호한 구분이 명확해질 때 비로소 우리는 우리 안의 소리를 들을 수 있기 때문이다.

그때가 되어야 고도를 왜 기다렸는지 고도는 누구인지 고도를 기다리는 것은 무엇을 의미하는지 고도는 진짜 존재하는지 이 모든 의문은 비로소 풀리게 된다.

독일작가 헤르만 헤세는 『싯타르타』에서 "깨달음은 가르칠 수 없다."라고 하였다.

스스로 알아차리는 방법밖에 없다는 것이다.

인생이란 긴 여행에서 우리가 마주해야 하는 수많은 사건 사고들이 이미 훌륭한 스승임을 잊지 말아야 한다. 그래서 큰 의미로 봤을 때 사주의 운(運)이란 좋고 나쁜 것이 아닌 그저 삶의 순환과정에서 생기는 에피소드 같은 것이다. 진정 중요한 것은 그 삶의 에피소드를 가치 있게 만드는 것이다. 고도의 실체도 우리 마음속에 이미 존재하고 있을지도 모른다. 다만 그것을 알아차리지 못하고 있을 뿐.

마음의 잔상

남녀가 만나 사랑하다가 헤어진 후에도 '서로의 잔상'이 남아있는 것은 서로 길들여진 습관 때문이다. 가끔은 이것을 사랑이라고 착각하여 다시 재회해보지만, 결과는 다시 이별하는 경우가 대부분이다.

실제 통계에 의하면 이혼한 부부나 헤어진 연인이 다시 만나 성공적으로 관계가 정립되는 것은 매우 드문 경우에 속한다고 한다.

또 재혼의 경우는 자녀 문제로 재결합하는 것이 대부분이어서 실제 연애감정으로의 발전은 훨씬 낮다. 사람의 뇌 구조가 한번 지나간 감정에 대해선 자극이 작아지기 때문에 다시 만난다고 해도 이미 익숙해진 감정이 새롭게 되살아나지 않기 때문이다.

사실 오래된 것도 처음에는 새것이었는데 이를 기억하는 사람은 많지 않다. 물론 여기에도 예외는 있다. 특수한 경우이지만 이별의 고통을 견디지 못하고 극단적인 선택을 한다거나 자신을 자학하여 인생을 망치는 경우도 종종 있다.

사주에 '편인(偏印)'이 많은 경우, 외곬으로 빠지는데 일지에서 편인(偏印)이 화개(華蓋)로 충발(沖發)할 때 비극적인 사건이 일어난다.

편인(偏印)이 식신(食神)을 보면 매우 예측 불가한 일들이 생기는데 사주가 신약한 경우, 편인운(偏印運)이 식신(食神)과 충극(沖剋)되면 생명과 관계된 흉(凶)한 사건 사고가 발생한다.

"이별이 슬픈 것은 그 사람을 잊지 못해서가 아니라 그 사람을 사랑했던 내 마음이 아직 남아 있기 때문이다."

모든 것은 '마음'이 만들어 낸 것들이다. 고통도 슬픔도 알고 보면 그저 실체 없이 욕망이 만들어 낸 허상일 뿐이다.

이별의 아픔이 있을 때는 억지로 그 사람을 잊으려 하지 말고 내가 그를 사랑했던 마음이 무엇이었는지 객관적으로 내 마음속을 들여다보는 시간이 필요하다.

미처 안 보이던 것들이 보이기 시작하면 비로소 치유가 시작된 것이고 그 사람은 더 이상 내 마음에 나타나지 못한다.

마음의 구조는 물과 같아서, 늘 담긴 그릇의 형태에 따라서 달라지기 때문이다. 오늘은 네모였지만 내일은 세모로 바뀌는 것이 바로 내 마음이다.

"마음이 자기 의지대로 안 되는 것은 마음 안에 담긴 내용을 보지 못해서이다."

자신의 마음 구조를 들여다보기 위해서는 지금 나의 상태를 인정하고 받아들이는 것부터 시작해야 한다.

'알아차림'은 스스로를 변화시킬 수 있는 단초가 되어준다.

태어나면서 아는 자는 최상이요,
배워서 아는 자는 차상이요,
막혀서 배우는 자는 그다음이요,
막혀도 배우지 않는 자를 어리석은 자라 한다.
나는 배워서 아는 자이다.

―『논어』, 공자―

---

4. 합(合) 충(沖)

합(合) 충(沖)은 작용이 비슷하다.

"합(合)은 생명이고 충(沖)은 욕심이다."

그래서 합(合)은 새로운 생명으로 변환되지만, 충(沖)은 욕심으로 인해 서로 빼앗고 빼앗기는 싸움으로 모두 깨지고 그 기운(氣運)이 약해지거나 사라진다. 그러나 합과 충은 작용면에서는 크게 다르지 않은 경우도 있다.

예를 들면
합(合)은 오행이 본래 자기 일을 하지 않아 작용이 멈춘 것이고 충(沖)은 오행이 본래 자기 일을 할 수 없어 작용이 멈춘 것이다.
즉 작용이 멈춘다는 의미에서 합(合)과 충(沖)은 비슷하다.

따라서 합(合)은 좋고 충(沖)은 나쁘다는 이분법적 생각은 잘못된 것이다. 자신에게 필요한 오행이 합(合)하거나 충(沖)하는 건 나쁘고 자신에게 불필요한 오행이 충(沖)하거나 합(合)하는 건 좋다.

그래서 사주에서 가장 좋지 않은 운(運)은 용신(用神)이 충극(沖剋)당하거나 용신이 합(合)하여 기신(忌神)으로 변하는 것이다.
이런 경우는 믿었던 일이나 사람에게 배신당하고 예기치 못한 사건으로 최악의 상황을 맞게 된다.

또 가장 좋은 운(運)은 절대 필요한 오행이나 용신(用神)과 같은 운(運)이 들어왔을 때이다. 또 기신(忌神)운이 들어왔는데 그 기신(忌神)이 사주오행과 합(合)하여 용신(用神)으로 변화하면 최고의 길운으로 여긴다.

이런 경우는 주로 예상치 못한 일에서 발복하여 크게 성공하게 된다.

합(合)운이 들어왔을 때, 가장 먼저 보는 순서가 있다.

우선 천간(天干) 합(合)인지 지지(地支) 합(合)인지 살펴보고, 천간 합(合)일 경우 일간 합(合) 인지 연간 합(合)인지 구분해야 하며, 그다음 합(合)이 변하는지 변하지 못하는지 살펴야 한다.

지지(地支)의 합(合)은 조금 더 복잡하여 삼합(三合), 방합(方合), 육합(六合), 암합(暗合), 명합(明合), 암명합(暗明合) 등이 있는데 서로 복잡하게 엉켜있는 듯 보이나 원리를 알면 쉽게 이해될 수 있다.

사주는 외워서 되는 학문이 아니므로 반드시 이해해서 자신의 습관처럼 되어야 사용할 수 있다.

갑(甲) 일간을 보는 순간 화(火)와 수(水) 여부가 한눈에 들어와야 하고, 갑(甲) 일간에 기토(己土) 운(運)이 들어오면 지지(地支)에 뿌리(비겁, 인성)가 있는지 한눈에 들어와야 한다.

합충(合沖)의 이해

합충(合沖)은 분리된 것이 아닌 상호 밀접한 관련이 있다.

특히 4고(庫)는 삼합(三合)의 고(庫)로 작용하며 화개(華蓋)라고도 한다.

삼합(三合)은 생지(生支)의 역마, 왕지(旺支)의 도화, 고지(庫支)의 화개로

이루어져 있다.

이 3개의 충(沖)은 삼합과 4고(庫)를 근본으로 삼고 있다.

* 역마(驛馬)

사주에서 역마(驛馬)는 역동성, 생동감, 시작 이동, 이사, 변동의 신이다.

삼 합	신자진 (申子辰)	인오술 (寅午戌)	해묘미 (亥卯未)	사유축 (巳酉丑)
역 마 (驛馬)	인(寅)	신(申)	사(巳)	해(亥)

* 도화(桃花)

사주에서 도화(桃花)는 인기, 전성기, 관심, 호기심, 생동감, 변덕이다.

삼 합	인오술 (寅午戌)	신자진 (申子辰)	사유축 (巳酉丑)	해묘미 (亥卯未)
도 화 (桃花)	자(子)	오(午)	묘(卯)	유(酉)

* 화개(華蓋)

사주에서 화개(華蓋)는 마무리, 정리, 쇠퇴기, 생각, 수동성, 죽음이다.

고 (庫)	진술축미 (辰戌丑未)	진술축미 (辰戌丑未)	진술축미 (辰戌丑未)	진술축미 (辰戌丑未)
화 개 (華蓋)	진(辰)	술(戌)	축(丑)	미(未)

* 지지육충(地支六沖)

지지육충(地支六沖)	
인신(寅申)	역마(驛馬)살
사해(巳亥)	역마(驛馬)살
자오(子午)	도화(桃花)살
묘유(卯酉)	도화(桃花)살
진술(辰戌)	화개(華蓋)살
축미(丑未)	화개(華蓋)살

충(沖)은 빼앗고 싶은 욕망이다

사주에서 충(沖)은 합(合)과 매우 중요한 양대 기둥이다.

사주에서 보통 충(沖)이 들어오면 "나쁘다.", "흉(凶)하다."라고 하는데 무엇이 나쁘다는 건지, 구체적으로 설명이 없다.

그냥 나쁘다?

사주명리는 과학이다. 그냥은 있을 수 없다.

좋으면 왜 좋고, 나쁘면 왜 나쁜지 논리가 반드시 뒷받침되어야 한다.

충(沖)은 오직 지지(地支)에서만 일어난다.

많은 사주책과 이론서에 천간충(天干沖)이라는 단어를 사용하지만, 정확히 천간은 충(沖)이 없으니 극(剋)이라고 해야 한다. 충(沖)과 극(剋)은 거의 같은 기능을 하지만 다른 몇 가지 특징이 있기 때문에 반드시 구분해서 사용해야 한다.

이를테면 사주에서 신약(身弱), 신강(身强)을 정할 때 무조건 신강(身强)이라고 하면 안 된다. 무엇 때문에 신강(身强)해진 것인지 그 원인을 찾아 신왕(身旺)과 신강(身强)으로 구분해서 사용해야 하는 이치이다.

즉 신강은 인성(印星) 때문에 강해진 것이고, 신왕은 비겁(比劫) 때문에 강해진 것이기 때문에 치료약 자체가 달라질 수 있다.

신강 신왕을 구분하지 않는 것은 의사가 병(病)을 진단하는 데 배가 아프다고 모두 장염 약만 주는 것과 같은 논리이다. 환자가 장염 때문에 배가 아픈 것인지 맹장 때문에 배가 아픈 것인지 정확히 진단한 후에 그 치료 방법을 결정할 수 있기 때문에 원인부터 분명하게 구분해야 하는 것이다.

천간(天干)을 극(剋)이라고 명칭하는 것은 우선 천간에는 **지장간(支藏干)**이 없기 때문이다.

지장간에는 계절의 방향성이 있지만 천간에는 계절의 방향성이 없다.

계절과 방향은 오직 지지(地支)에만 있다.

따라서 충(沖)은 지장간의 전쟁인데 천간에는 지장간이 없기 때문에 천간극(天干剋)이라는 개념을 반드시 이해해야 한다.

또 천간의 극(剋)은 오직 죽이고 살리는 것 즉 득실(得失)의 개념만 있다.

내가 강하면 득(빼앗다)하고 약하면 실(빼앗기다)하는 것이다. 그러나 득(得)을 해도 내 기운이 설기(洩氣)당해 힘이 빠진다. 물론 실(失)한 오행은 자신을 모두 빼앗긴 상태이다.

따라서 충(沖)은 득실과 승패의 개념이 함께 있다.

지장간(地藏干)의 오행간 싸움 속에서 어떤 것은 이기고 지며 승패가 나

넌다.

충(沖)의 득실(得失)개념은 극(剋)과 비슷하지만, 승패의 개념 때문에 극(剋)보다는 다소 복잡한 양상을 보이는 것이다.

충(沖)은 육친적인 입장에서는 나쁜 의미가 있다.

재성(財星)이 충(沖)하면 남자에게는 아내와 이별수가 생기고, 인성(印星)의 충(沖)은 어머니에게 문제가 발생할 수 있다.

관성(官星)이 충(沖)하면 여자는 남편, 남자는 자식에게 문제가 발생할 수 있다.

즉 육친적 관점에서 충(沖)은 별로 좋은 것은 없다.

※ 충(沖)은 종류에 따라 각기 다른 특성이 있다.

생지(生支), 왕지(旺支), 고지(庫支)로 나뉜다.

생지(生支)충은 역마(驛馬)의 기운으로 활기차고 새롭게 시작하려는 기운이다. 그래서 처음 시작을 의미한다.

왕지(旺支)충은 도화(桃花)의 기운으로 강한 의지로 정상까지 도달한 최성기 상태를 의미한다.

고지(庫支)충은 화개(華蓋)의 기운으로 마무리 단계에 접어들어 끝맺음을 하는 의미가 있다.

●역마(驛馬)

　사주에서 역마살(驛馬殺) 혹은 역마충(驛馬沖)은 생지충(生支沖)이라고도 하며, 내가 주체가 되어 이끄는 힘이 넘치는 사주이다. 흔히 고전 이론과 대부분의 역술인들이 인신사해(寅申巳亥) 충(沖)이 사주원국에 있거나 운(運)에서 들어오면 무조건 나쁘다고 감정한다. 과연 그럴까? 사주에는 절대 좋은 것도 절대 나쁜 것도 없다.

　사주에서 길흉(吉凶)이란 음양(陰陽)의 원리처럼 드러날 때와 드러나지 않을 때만 존재할 뿐이다. 즉 태양이 있을 때는 달이 드러나지 않고 달이 드러나 있을 때는 태양이 보이지 않는다.

　태양이 보이지 않는다고 태양이 없는 것은 아니다. 역마(驛馬)도 마찬가지이다.

　드러날 때와 드러나지 않을 때가 있고 흉(凶)으로 작용할 때가 있고 길(吉)로 작용할 때가 있다. 사주에는 무조건은 없다. 상황에 따라 전부 달라질 수 있다.

　수험생에게 역마운(驛馬運)은 합격의 행운이 될 수 있다.

　물론 반대로 사기를 당할 수도 있고 다치거나 직장을 잃을 수도 있다.

　사주원국에 역마충(驛馬沖)이 있을 때도 비슷하다. 역마(驛馬)라는 칼날을 내가 조정할 수 있는 힘이 있다면 그 칼로 승승장구할 것이며 반대로 칼을 조정할 수 없다면 그 칼날에 몸이 베일 것이다.

　중요한 건 역마(驛馬)가 있고 없음보다 내가 그 칼을 조정할 수 있는가 없는가에 있다.

● 도화(桃花)

도화(桃花)는 한마디로 표현하면 '드러내는 발산의 기운'이다.

　도화(桃花)는 삼합(三合)의 최성기에 있는 충(沖)으로 고서에 따르면 음란하고 이성에 일찍 눈떠 여성의 경우 남자 관계가 복잡하다는 등 현실과 맞지 않는 주장을 인용하고 있다. 실제로 도화(桃花)는 남을 의식하여 자신을 잘 꾸미고 내부에 넘치는 에너지로 '끼'가 넘치는 경향이 있는 건 사실이다.
　즉 도화(桃花)는 가장 특별해 지고 싶은 오행의 기운을 지니고 있다.
　그래서 도화(桃花)를 왕지(旺支)의 기운이라고도 한다.
　타인과 차별화되는 모습을 통해 자신의 존재가치를 확인받고 싶은 심리이다.
　도화는 타인에게 잘 보이고 싶어 자신을 특별하게 꾸미는 행위를 하는 것으로 양(陽)의 심리가 반영된 것이다. 옷 입는 것부터 장신구까지 남과는 차별화되는 자기만의 스타일을 만드는 행위가 도화의 기운이다.

● 화개(華蓋)

　화개충(華蓋沖)은 삼합(三合)의 마지막 고지충(庫支沖)으로 결과를 만드는 충(沖)이다.
　화개충이 들어오면 뭔가 결과를 만들고 마무리하려는 경향이 강해진다. 화개충은 예술 계통, 철학 계통에서도 탁월한 재능을 나타내기도 하는데 상황에 따라 스님이나 신부, 수녀 등 종교인의 사주로도 유명하다.

　화개(華蓋) 모양은 토충(土沖)이지만 실제로는 목금수화(木金水火)의 상쟁

이다. 즉 화개충(華蓋沖)의 실제 모습은

진(辰)은 삼합의 수(水)의 고(庫)이고,

술(戌)은 삼합의 화(火)의 고(庫)이며

축(丑)은 삼합의 금(金)의 고(庫)이고,

미(未)는 삼합의 목(木)의 고(庫)이기 때문이다.

그러므로 진정한 의미에서 토(土)는 충(沖)이 없다.

※고(庫)는 무덤이며 마무리를 의미한다.

합(合)은 사주의 최대 변수이다.

세상 사람들에게 묻노니 정(情)이란 무엇이길래 생사(生死)를 가늠하느뇨?

1205년 금나라 시인 원호문이 쓴 매피당(邁陂塘)에 수록되어 있는 '안구사(雁丘詞)'란 시조 중 일부이다.

'안구사'란 한 쌍의 기러기 중 한 마리가 그물에 걸려 죽자 나머지 한 마리는 그물을 빠져나왔지만 도망가지 않고 그 주변을 돌다가 자살하였다는 얘기이다.

김용의 소설 『영웅문』은 총 3부작으로 되어 있는데 그중 2부 「영웅의 별」에 등장하는 주인공 양과와 소용녀의 사랑 이야기에 이 시조가 인용되었다.

사제지간이었던 이들은 온갖 시련을 이겨내고 결국 최고의 자리에 오르고 완벽한 사랑을 이루어 낸다. 이들의 애절한 사랑을 은유적으로 표현한 것이 '안구사'이다.

생사의 갈림길에서도 오직 서로를 위해 자신을 버렸던 양과와 소용녀의 이야기는 사랑의 극치가 무엇인지 잘 보여주고 있다.

> 양과와 소용녀는 자신들보다 무공이 훨씬 뛰어난 무림의 고수를 만나 대적하게 된다.
> 실력만으로 비교하면 도저히 이길 수도, 방어조차도 불가능한 상대이지만 양과와 소용녀는 무림 고수를 잘 방어해내는 기적을 만든다.
>
> 기적의 원인은 자신이 아닌 서로 상대만 방어해 주는 '합심무공(合心武攻)'을 본능적으로 사용한 것이다.
> 즉 양과는 소용녀를 방어해 주고 소용녀는 양과를 방어해 주는 사랑의 검법인 '합심무공'이란 제3의 새로운 검법을 창조해내어 무림 고수를 물리칠 수 있었던 것이다.
>
> 이것이 바로 합(合)의 작용이다.
> 오행들이 서로 사랑하여 새로운 것을 창조해내는 것을 사주에서 합화(合化)라고 한다. 합(合)의 작용은 합심무공(合心武攻)처럼 엄청난 에너지를 가지고 있고 변화를 만든다는 의미이다. 합(合)의 작용은 사주의 최대 변수이자 에너지이다.

*지지 삼합(地支三合)의 종류

지지삼합(地支三合)은 매우 강력한 합(合)으로 최강의 결합력이 있다.

천간합(天干合)은 금세 뜨거워졌다 금세 식는 경향이 있지만, **지지삼합(地支三合)은 사랑, 연민, 정** 등이 합쳐서 매우 질긴 인연을 보여준다.

이는 지지(地支) 속 지장간의 영향으로 남녀 간에 가장 강력한 결속력을 나타내지만, 당사자에게는 배신의 변화로도 작용할 수 있다.

이는 원래 오행을 다른 오행으로 변화시키기 때문이다.

구 분	수(水)	화(火)	목(木)	금(金)
삼합 (三合)	신자진 (申子辰)	인오술 (寅午戌)	해묘미 (亥卯未)	사유축 (巳酉丑)
왕지 (旺支)	자(子)	오(午)	묘(卯)	유(酉)

합(合)은 창조를 수반한 가장 강력한 변화지만, 합(合)이 있다고 반드시 좋은 궁합은 아니다.

"합(合)이 있으면 첫눈에 반한다."

그래서 남녀 간에 합(合)이 있으면 금세 사랑에 빠진다. 그러나 합(合)의 변화가 나(일간)에게 나쁜 운으로 변하면 합(合)은 적의 칼날이 되어 나를 공격한다.

청년 베르테르는 교회 앞에서 빵을 나눠주던 한 여인을 보고 사랑에 빠져 죽음을 선택하고, 푸치니의 오페라 '투란토트'에서 시녀 '류'는 칼리프 왕자가 보여준 단 한 번의 미소 때문에 그를 위해 기꺼이 죽음을 맞는다. 소설 『메디슨 카운티의 다리(The Bridges of Madison County)』에서 남자는 사랑하는 여자를 두고 어쩔 수 없이 떠난다. 결국 이들의 사랑은 모두 죽거나 떠나는 등의 비극적인 결말로 합(合)의 작용이 끝이 난다.

추정해 보자면 위 세 가지의 사랑은 합(合)이 되었지만 화(化)한 오행이 흉(凶)인 기신(忌神)으로 변하였다는 것을 심삭할 수 있다.

사주에서 합(合)이 되면 사랑에 빠진 연인처럼 자신의 할 일은 잊고 서로에게만 집중한다. 합(合)이 동화 속 공주 이야기처럼 해피엔딩으로 끝나려면 화(化)한 오행이 반드시 일간에게 도움이 되는 오행으로 변해야 한다.

서로 첫눈에 끌리는 합(合)은 일간합(日干合)이다.

특히 정임합(丁壬合)은 욕망이 가장 강한 합(合)으로 자신을 모두 태울 때까지 멈추지 않는 경향이 있다.

*천간합(天干合)의 종류

천간합은 첫눈에 반하는 속도감과 뜨거움이 있지만 빨리 식는 경향을 보인다.

이는 천간(天干)은 방향성이 없기 때문이다. 즉 목적이 없기 때문에 그 효과가 제한적인 것이다.

구 분	목(木)	화(火)	토(土)	금(金)	수(水)
천간합 (天干合)	정 임 (丁壬)	무 계 (戊癸)	갑 기 (甲己)	을 경 (乙庚)	병 신 (丙辛)
화 (化)	목 기 (木氣)	화 기 (火氣)	토 기 (土氣)	금 기 (金氣)	수 기 (水氣)

합(合)은 기본적으로 서로 붙으려는 성질이 있다. 이는 음양(陰陽)의 원리 때문인데 음양(陰陽)이 만나 균형을 이루고 새로운 것을 창조하는 힘은 오직 합(合)의 작용으로만 가능하다. 합(合)은 변화하기 때문에 운(運)에 의해 합(合)이 이루어질 경우, 매우 세심하게 보아야 한다.

천간(天干)의 합(合)은 다섯 개의 양간(陽干)과 다섯 개의 음간(陰干)이 만나 합(合)을 이루는 것으로 원래 서로 오행 상은 상극(相剋) 관계이나 음양(陰陽)의 이치에 따라 남녀 간의 사랑처럼 합(合)이 이루어지는 것이다.

그래서 천간(天干)의 합(合)을 부부지합(夫婦之合), 유정지합(有情之合)이라고도 한다. 여기서 중요한 것은 합(合)은 변화를 만들어 낸다는 것인데 남녀가 사랑을 하면 아이가 생기는 이치와도 같다고 볼 수 있다.

또한 합(合)은 오행(五行)의 변화를 의미하는 것이 아니라 다른 성질로 발(發)하는 것이기 때문에 본래의 성질은 간직하고 있는 것으로 합(合)이 해소되면 본래의 모습으로 돌아온다.

합(合)은 서로 인접해야 합(合)이 이루어지는 것으로 보고 떨어진 합(合)은 무시하거나 그 힘이 미약하다. 눈에서 멀어지면 마음에서도 멀어지는 남녀 간의 애정에 비유할 수 있어서 붙어있을 때만 그 힘을 유지할 수 있다. 사주에서도 남녀 간처럼 음양오행(陰陽五行)이 가까이 붙어있을 때 작용한다.

합(合)은 크게 천간합(天干合)과 지지합(地支合)의 두 가지로 나눈다.지장간(支藏干) 속에는 암합(暗合)과 암명합(暗明合) 등이 있는데 천간합(天干合)은 지지합(地支合)에 비해서 그 영향력이 떨어진다.

⊙ 합(合)의 분류

합(合)분류	지지(地支)합의 종류	천간(天干)합의 종류	특성
삼합 (三合)	4개	5개	천간합은 방향성이 없다.
방합 (方合)	4개	없음	방합은 변화가 없다.
육합 (六合)	6개	없음	육합은 합력(合力)이 약하다.
지장합 (支藏合)	압합 압명합	없음	심리적 작용이 강하다.

화격(化格)

사주에서 화격(化格)은 일간(日干)이 변하는 것으로 합(合)의 변화 중 가장 큰 변화가 생긴다.

사주가 화격(化格)에 해당되면 인생이 격랑에 휩쓸리기 쉽다.

일간(日干)은 주체로 잘 변하지 않기 때문이다. 주체가 변한다는 것은 그만큼 인생의 굴곡이 생긴다는 의미로 해석될 수 있다.

물론 매우 성공하는 경우도 있지만, 그것은 업상대체가 된 직업이나 사업을 가졌을 경우이다. 일반적인 사업 실패 확률이 매우 높고, 월급쟁이나 공직 등은 무난한 경우가 많다. 화격(化格) 사주는 한마디로 태풍의 눈이라고 할 수 있다.

길흉(吉凶)이 극명하고 다른 종격(從格) 사주와 비슷한 경향을 보인다. 때문에 화격(化格)의 조건도 매우 까다롭다.

● 화격(化格)이란 일간(日干)이 다른 간(干)과 합(合)하여 변화한(化) 오행을 격(格)과 용신(用神)으로 삼는 것을 말하는데 그 조건은 다음과 같다.

그 기준은 상당히 엄격하다. 모든 아래 조건을 통과해야만 화격(化格)으로 인정을 받을 수 있다.

1. 일간(日干)기준으로

갑기합(甲己合) 토(土)

을경합(乙庚合) 금(金)

병신합(丙辛合) 수(水)

정임합(丁壬合) 목(木)

무계합(戊癸合) 화(火) 등 5가지이다.

2. 월지(月支)가 반드시 화(化)한 오행과 같거나 생(生)해주는 구조여야 한다.

3. 주변에 화(化)한 오행을 극(剋)하는 글자가 있으면 가화격(假化格), 파격(破格)이 되는데 극(剋)하는 글자가 만일 통근(通根)되어 힘이 있다면 일간합(日干合)은 원천무효가 되고, 힘이 없거나 주변에서 충분히 제압할 수 있는 수준이라면 화(化)된 것으로 보고 화격(化格) 오행을 격(格)과 용신(用神)으로 잡는다.

4. 사주 전체가 화(化)한 오행과 같거나 생(生)해주는 구조로 되어 있어야 한다.

◎ **가화격(假化格)**

1. 가화격(假化格)이란 일간(日干)을 기준으로 천간(天干)의 합(合)을 월지(月支)가 도와주거나 시간(時干)도 동시에 합(合)이 이루어지는 경우에 화(化)한

오행을 극(剋)하는 글자가 있을 때 (단 극(剋)하는 오행이 힘이 없어야 함)

2. 화격(化格)과 마찬가지로 월지(月支)가 반드시 합(合)된 오행(五行)으로 되거나 합(合)한 오행(五行)을 생(生)하는 오행(五行)이 되어야 하는 것이며, 지지(地支) 대부분이 합(合)한 오행(五行)으로 구성이 되어 있어야 한다.

※ 중요한 것은 화격(化格)이든 가화격(假化格)이든 모두 화(化)한 오행(五行)으로 격(格)과 용신(用神)을 잡는다는 것이다.

즉 일간(日干)이 천간합(天干合)에 의해 화(化)한 경우 월지(月支)를 포함한 주변 상황이 화(化)한 오행(五行)을 돕는 구조로 되어 있으면 화격(化格)으로 인정된다.

화격(化格)도 가화격(假化格)도 안 되는 경우가 훨씬 많으니 사주 전체를 주의 깊게 살펴야 한다.

형살(刑殺)의 의미

형살(刑殺)은 충(沖)처럼 은근한 욕심이 숨겨져 있다.
내가 주체가 되어 이끌고 나가려는 기운이 강해지는데 대부분은 목적 실현이 안 되어 흉(凶)으로 나타나는 경우가 많다.
단 업상대체(業象代替)가 되어 활인업(活人業)에 종사하면 길(吉)로 나타난다.

형살(刑殺)의 사전적인 의미는 '가둔다'인데, 형살이 사주원국(일지 포함)에 있는 경우 운(運)에서 또 형살(刑殺)이 직방으로 들어오면 반드시 사건 사고가 발생한다. 형살(刑殺)의 종류는 여러 가지가 있으나, 실제 영향력이 강한 형살(刑殺)은 삼형살(三刑殺) 두 개뿐이다. 형살일 때 가장 중요한 것은 **'내가 주체적으로 이끄는 힘'**이다.

내가 그 힘을 잘 사용할 수 있는 능력이 있으면 크게 성공할 수 있지만, 반대로 내가 그 힘을 적절하게 사용할 수 없다면 매우 강력한 흉(凶)으로 작용한다.

첫째 인사신(寅巳申) 삼형살

일부 이론에서는 삼형살(三刑殺)은 세 글자이고 충(沖)은 두 글자이기 때문에 흉(凶)한 작용면에서 형(刑)이 더 강할 것이라고 한다.

그러나 실제 임상 결과는 충(沖)의 작용은 명확한 것에 비해 삼형살(三刑殺)의 작용은 **사건 사고적 측면에서는** 명확하지 않은 것으로 나타났다. **즉 충극(沖剋)과 비교하면 삼형살(三刑殺)은 실제 사건 사고보다는 심리적으로 작용할 가능성이 더 높다는 것이다.**

그럼에도 불구하고 **삼형살(三刑殺)**은 충(沖)에 비해 부정적인 측면이 강하고 3글자의 작용으로 운(運)에서 들어왔을 때 매우 흉(凶)한 것으로 인식되고 있다.

이는 과장된 이론이며 오히려 **업상대체(業象代替)로 활인업(活人業)에 종사할 경우, 길(吉)작용으로 나타난다(검찰, 경찰, 군인, 의사 등).**

인사신(寅巳申) 글자가 있으면 지세지형(持世之刑)이라 하여 남자는 자만하고, 여자는 고독하다고 한다. 그러나 실제 작용에서는 다양하게 나타난다.

즉 삼형살(三刑殺)의 실제 의미를 길흉(吉凶)에만 두지 말고 내가 주체적으로 이끌고 가는 에너지, 역마충의 기운과 비슷하다고 해석하는 것이 좋다.

사주에서 좋고 나쁘다는 것은 지극히 상대적이고 개인적인 것이라 적절한 표현이 아니다.

삼형살(三刑殺)이 있는 사주는 '활인(活人)'업을 했을 때 업상대체가 되어 매우 좋다.

'검찰, 경찰, 군인, 판사, 종교' 등 직업군이 그에 속한다.

두 번째 축술미(丑戌未) 삼형살.

축술미 삼형살은 무은지형(無恩之刑)이라 하여 남에게 은혜를 베풀어도 배신으로 돌아온다는 살(殺)인데, 실제 작용은 다양하게 나타난다.

의사, 간호사, 한의사, 선생. 사회복지사, 상담사 등 직업군에서 발굴의 힘을 보여준다.

실제 축술미(丑戌未) 삼형살을 가진 분들의 경우 의사로 명성이 있는 분들이 상당히 많다.

그 외 진진 자형(辰辰子刑)의 경우는 토(土)와 토(土)의 만남으로 어떤 위치에 있느냐에 따라 달라지겠지만 토(土)의 세력이 강해지는 의미로 봐야 할 것 같다.

화개충(華蓋沖)과 비슷한 작용이 나타난다.

또 일지(日支)에 자묘(子卯) 글자가 있으면 무례지형(無禮之刑)이라 하여 예의가 없고 남에게 불쾌감을 잘 준다고 하는데 논리적으로 근거가 없다.

지지(地支)에 진진(辰辰), 오오(午午), 유유(酉酉), 해해(亥亥) 등 같은 글자가 중복되게 있으면 자형(子刑)이라 하여 스스로에게 벌을 내린다고 한다.

좋을 것도 없지만, 반드시 나쁘다는 의미도 이치에 맞지 않다.

해당 오행이 기신(忌神)이면 몰라도 용신(用神)이라면 좋은 작용을 할 것이기 때문이다.

그러나 일지(日支)를 포함한 자형(子刑)의 경우 육친적인 관점에서는 배우자에 대해 배타성이 있다. 그것은 일지가 배우자 궁(宮)이기 때문인데 배우자 자리에 같은 오행이 2개 있다는 것은 자신의 고집과 주장이 강해진다는 것을 의미하기 **때문에 배우자 관계를 조심해야 한다.**

※ 단 진진(辰辰)은 화개, 오오(午午), 유유(酉酉)는 도화, 해해(亥亥)는 역마와 비슷한 작용을 한다.

용신이란 사주에서 가장 필요한 오행을 명명하는 단어로 길신과 같은 의미이다.

제4장

사주,
과학을 디자인하다

1. 사주는 음양오행(陰陽五行)이다

"사주란 무엇이고 왜 알아야 할까?"

전 국민의 70% 가 관심 있다는 조사에서 볼 수 있듯이 사주는 많은 사람들의 단골 관심사이다. 그런데 우리나라에서 사주명리(四柱命理)는 학문이라기보다 민속문화와 점술에 가깝다.

문화와 점술적 기능이 나쁘다는 것은 아니다. 단지 학술적인 부분이 간과되고 점술적 기능에만 초점이 맞춰지고 있다는 것이 안타까운 점이다.

사주는 과학이고 과학은 반드시 그에 맞는 논리가 필요하다.

'그냥'은 없다.

좋으면 왜 좋은지, 나쁘면 왜 나쁜지 명확한 이유가 있어야 한다.

'그냥'은 무속이나 신점처럼 점단술에 통용되는 것이지 사주명리에서는 통용될 수 없는 단어이다.

일반적으로 연말연초가 되면 새해에 대한 기대로 사주의 관심은 매우 높아진다.

그러다가 연초가 지나면 관심은 사라지고, 입시철이 가까워지는 10월부터는 또다시 관심이 많아지기 시작한다.

사주 감정이 길흉(吉凶)의 목적성만을 추구하고 있다는 것을 여실히 보여준다.

사주 감정의 참 목적은 과유불급(過猶不及)을 통해 자기 자신을 실현해 나가는 것이 되어야 한다.

사주명리를 한마디로 정의하면 '음양오행(陰陽五行)'의 학문이라고 할 수 있다.

음양오행을 모르면 사주의 해석은 불가능하다. 사주는 음양오행이고 음양오행은 과학이란 논리가 성립된다. 과학적이기 위해서는 분명한 이론이 있어야 하며 그 이론은 논리적으로 입증 가능해야 한다.

그렇다면 '음양(陰陽)'과 '오행(五行)'은 무엇일까?

얼마 전 사주 입문 과정에 있는 분들과 사주토론회를 가졌다. 그런데 대부분 '음양(陰陽)'을 정확히 이해하지 못한 상태에서 용신, 격국, 신강, 신약을 공부하는 모습이 안타까웠던 기억이 난다.

'음양(陰陽)'이 무엇인가에 대한 질문에 양(陽)은 남자, 음(陰)은 여자, 하늘은 양(陽)이고 땅은 음(陽)이란 대답을 하는 분들이 대부분이었다. 물론 완전히 틀린 얘기는 아니다. 그러나 이러한 학습 방식은 사주공부를 매우 어렵게 만들며 결국에는 포기하게 만드는 원인이 된다.

필자가 되물었다.
"그럼 성전환 수술로 남자에서 여자로 변한 유명인 ㅇㅇㅇ는 여자입니까? 남자입니까?"
모두 답을 내놓지 못했다.

'음양(陰陽)'의 개념을 확실히 파악하면 사주공부는 속도감 있게 진행된다. **사주명리에서 음양(陰陽)은 공부의 시작이면서 최종 목적이 된다.**
따라서 음양(陰陽)의 원리와 개념은 백번을 강조해도 남음이 없을 만큼 중요하다.

자연에서 음양(陰陽)은 둘이면서 하나이고 하나이면서 둘이 되기도 한다. 섞이지는 않지만 늘 함께 공존한다.

양(陽) 안에도 음(陰)이 있고, 음(陰) 안에도 양(陽)이 있다. 남성 안에도 여성성이 있고, 여성 안에도 남성성이 있다는 의미이다.

(여자 같은 남자(몸(體)은 남자, 기질(用)은 여자))

(남자 같은 여자(용(用)은 여자이나 체(體)는 남자))

즉 음양(陰陽)은 구분되면서도 구분될 수 없는 존재이다.

늘 끊임없이 변화하며 한 가지 목표를 위해 순환한다.

그 한 가지 목표가 바로 '**균형**'이다.

즉 음양(陰陽)을 한마디로 정의한다면 '**균형**'이다.

'음양(陰陽)'은 오행의 생극제화(生剋制化)를 통해 균형'을 맞추려는 속성을 지니고 있다.

※ 저울이론

저울이론은 '균형'이론으로 사주의 강약을 쉽게 구분하기 위해 십성(十星)을 저울에 대입하여 설명하였다. 필자가 개발한 강약구분법이다.

저울이론에서 가장 중요한 요소는 종합적인 사고이다. 저울이란 도구를 이용하여 사주의 균형을 관찰하는 것이다.

⊙ 균형된 사주

절대필요오행이나 용신의 역할이 약하거나 무력하다.

크게 좋은 것도 크게 나쁜 것도 없이 평온한 인생을 산다.

다소 따분한 인생이라고 느껴질 수도 있는데 운(運)의 영향도 크게 받지 않는 것이 특징이다.

가장 평범하게 사회가 요구하는 모습대로 살아가는 인생이다.

⊙ 신약(身弱)한 사주

사주가 신약(身弱)하다는 의미는 일간이 약하다는 것으로 비겁(比劫)이나 인성(印星)이 필요한 오행이 된다. 비겁이나 인성 운(運) 때 발복하는 경우가 많다. 자신감, 자존감이 약한 특성이 있다.

자신감과 자존감은 실력과 자기 확신에서 나오는데 주로 인성(印星)이 담당한다.

따라서 일간이 신약한 사람은 스스로 지식과 경험을 채우도록 노력해야 한다.

⊙ 신강(身强)한 사주

사주가 신강(身强)하다는 것은 일간(日干)이 인성(印星)으로 강해졌다는 의미가 있다.

인성이 강해지면 식상(食傷)은 약해진다.

재성(財星) 식상(食傷) 관성(官星) 운(運)이 올 때 발복한다.

인성이 발달한 사람은 전통을 지키고 타인에 대한 배려심이 많다.

하지만 인성이 지나치게 강하면 의존성이 높아지며 고집도 강해져 타인과 잘 섞이지 못하는 단점이 있다.

인왕(印旺)자의 가장 큰 특성은 생각이 많고 행동은 약하다는 것이다.

⊙ 신왕(身旺)한 사주

사주가 신왕(身旺)하다는 것은 일간이 비겁(比劫) 때문에 강해졌다는 의미가 있다.

때문에 재성(財星)은 극(剋)을 당해 약해질 수 있다.

관성(官星), 식상(食傷), 재성(財星), 운(運)이 올 때 크게 성공한다.

비겁은 타인과의 공감능력은 뛰어나지만 배우자 배타성을 가지고 있고, 비겁이 지나치게 강할 경우 이혼율이 매우 높아진다.

밖에서는 좋은 사람이라는 소리를 듣지만, 집에서는 최악의 남편, 최악의 아빠가 될 수 있음을 명심해야 한다.

◎ 저울이론에서 용신(用神)을 찾기 위해 가장 먼저 고려해야 할 것은 강약의 구분이고 그다음 무엇 때문에 강해지고 약해졌는지 원인을 찾는 것이다.

식상(食傷) 때문에 약해졌다면 제1용신 후보는 인성(印星)이 되고
재성(財星) 때문에 약해졌다면 제1용신 후보는 비겁(比劫)이 된다.
관성(官星) 때문에 약해졌다면 제1용신 후보는 인성(印星)이 되지만
이때 식상(食傷)이 되는 경우도 더러 있다.

※ 용신(用神)의 기본원리도 음양(陰陽)의 균형 원리이다.
균형은 억부(抑扶)의 논리이고 조후(調侯), 통관(通關), 병약(病藥) 등도 억부(抑扶)의 큰 범위 안에 있다.
즉 용신(用神)을 찾는 이유도 사주의 균형을 맞추려는 행위이기 때문이다.

음양(陰陽)은 잠시도 쉬지 않고 균형을 향해 **움직이며 그 움직임은 오행의 생극제화(生剋制化)로 끊임없이 순환하는 속성을 지니고 있다.**
여기서 기억해야 할 단어는 두 가지이다.

'음양은 균형', '오행은 순환'이다.

그리고 이것을 통해 우리가 진정 알아야 할 것은 바로 **'나 자신'**이다.
사주명리의 최종 목적은 '나 자신'을 알고 스스로 자신의 운명을 고치고 바꾸는 일인 것이다. 운명에서 균형은 자신을 깨닫고 끊임없는 노력과 자기반성을 통해 실현된다.

2. 음양은 균형이고 오행은 순환이다

필자가 2007.3~2012.2까지 5년간 일간지 최초로 《스포츠동아》에 주 6회 사주칼럼을 연재하는 대기록을 세울 수 있었던 것은 사주명리학자란 자부심이 있었기 때문이었다.

20년 가까이 사주명리를 공부하면서 이것을 업(業)으로 삼지 않았던 이유는 사주에 대한 일반인의 곱지 않은 시선과 오해 때문만은 아니었다. 진짜 이유는 사주 감정이 잘못되었을 때의 두려움 때문이었다.

잘못된 사주 감정은 의사의 오진처럼 당사자에게 막대한 영향을 미친다. 실제로 그런 일은 가끔이지만 일어나기 때문에 항상 긴장하고 살펴야 한다.

용신(用神)을 잘못 정하여 기신(忌神) 운에 창업을 하게 하거나, 합충(合沖) 변화를 잘못 해석하여 운(運)의 시점을 잘못 알려주는 행위 등이 대표적인 경우이다.

병원 같으면 의료사고라 할 수 있다.

명리대가, 유명한 역술인들도 드물지만 종종 실수를 한다. 그만큼 사주는 어려운 공부이며 1~2년 안에 이룰 수 없는 공부이다. 그래서 사주 감정은 빠르게 하는 것도 중요하지만 정확하게 하는 것이 훨씬 더 중요하다고 할 수 있다.

많이 공부하고 연습하면 사주 감정을 할 때 중요한 특징을 찾아내고, 신약, 신강, 합충형파를 감정하는 데 평균 1~2분 정도 소요된다.

그런데 어려운 명조(특징이 없는 균형된 사주)의 경우도 3분을 넘기게 되면 손님은 떠나거나 불신 등이 생기는 경우가 발생할 수 있다. 더 신중한 해석을 하기 위해 시간이 소요되는 것이지만 상담 의뢰인은 상담자의 실력을 의심하기 시작한다.

현실이 이렇다 보니, 상담자도 상담 의뢰자도 마음이 급해지는 것이 사실이다.

사주명조를 보자마자 사주 주요 특징이 입에서 줄줄 나와야 실력이 있다는 편견 때문이다.

물론 아주 틀린 말은 아니다. 그러나 빠르면서도 정확해야 한다는 것이 중요하다.

빠르기만 하고 정확하지 못한 것은 늦지만 정확한 것만 못하기 때문이다.

사주는 일주(日柱)만 봐도 대략 50% 이상 특성이 나온다.

그래서 일주의 주요 특성(일간, 일지의 십성 종류, 합충형, 12운성 등)을 파악하는 것도 사주 감정을 잘하고 빨리하는 가장 좋은 비법 중 하나이다.

사주가 무속이나 토정비결, 심지어 타로와도 비슷하게 '점술'이라는 대중의 잘못된 인식이 참으로 당황스러웠던 기억이 난다. 또 종교와 전혀 관련 없는 학문인데도 불구하고 특정 종교로부터 미신으로 취급받는 현실이 암담하기도 했다.

사주명리는 믿고 안 믿는 범주의 종교나 문화가 아닌 음양오행의 학문이며 과학인데도 말이다. "난 사주를 안 믿어."는 "난 달력을 안 믿어."와 같다고 할 수 있다.

광의의 개념으로 보면 사주명리는 믿고 못 믿는 문제가 아니라 우리가 매일 보는 달력과 같은 것이다.

근래에 들어 이러한 잘못된 인식이 바뀌는 환경이 서서히 조성되고 있다.

역사적으로 보면 갑오경장 이후 미신타파라는 미명 아래 사주명리를 미신이나 잡술로 취급하여 현재까지 이르렀다. 그러나 그것보다 더 문제는 오직 사주명리를 돈벌이의 수단으로만 이용하는 일부 몰지각한 **사주 상담가**이다.

사주의 길흉(吉凶)에도 우선 시기와 시점이 있다.

예를 들어 암 환자가 물에 빠졌다면 암 치료보다는 물에서 건져내는 것이 우선이란 의미이다. 그런데 여기서 암 치료부터 해야 한다고 감정하면 그 당사자는 최악의 길을 선택할 수도 있다.

결론적으로 사주의 발전을 위해서는 사주의 교과적(표준화) 작업이 선행되어야 하고 임용고시처럼 객관적으로 실력을 판단하는 근거가 마련되어야 할지도 모른다는 생각이 든다.

그래서 의사처럼 사주명리도 면허증이나 자격증이 필요한 시대를 기대해 본다.

음양(陰陽)도 구분 못 하면서 각종 신살과 합충형파로 상담 의뢰자를 접박하여 부적을 팔아먹는 사람이 더는 없을 때 진정으로 국민에게 사랑받고 신뢰받는 사주명리가 될 수 있기 때문이다.

엉터리 감정은 한 사람의 인생을 치료하는 것이 아니라 한 사람의 운명을 고통의 나락으로 빠뜨릴 수도 있다는 것을 명심하자.

의사(정신과)와 사주 상담가는 하는 역할이나 결과가 비슷한 점이 많다.

단지 의사는 국가가 자격을 검증하지만, 사주명리는 그런 체계가 없기 때문에 소문에 의지해 찾아갈 수밖에 없다는 것이 가장 큰 문제이다.

과연 사주 감정이 맞는지 안 맞는지 검증할 방법은 없을까?

전혀 없는 것은 아니지만, 일반인이 하기에는 무리가 따른다(**지난 운 살펴보기, 오행 오링테스트 등**).

요즘 유명세를 떨치고 있는 유튜브 ○○도사는 신을 받아 신의 말씀을 전달한다고 하면서도 실제로는 사주를 감정하여 풀이한다. 개량 한복을 입고 신당을 모셔놓았지만 사주풀이로 감정하면서 신(神)이 알려 주신 대로 말씀을 전달한다고 한다. 실제로 사주와 신점은 물과 기름의 차이보다도 더 크기 때문에 이 모두가 사주명리의 공공의 적이라 할 수 있다.

사주명리는 유교만큼이나 위대한 학문이다. 유백온의 『적천수』에 멈춰 있는 현재 사주명리도 문제이고 음양(陰陽)도 모르면서 사주 감정을 하는 사람들과 사주를 신점으로 둔갑시키는 마케팅을 일삼는 사람들은 더 문제이다.

그러나 달도 차면 기울고 새벽이 오기 전이 가장 어둡듯이 이제 서서히 사주명리에 대한 다양한 시도가 대중의 관심으로 변하기 시작한 것 같다.

원래 프로이드 전의 정신 심리학도 변방의 학문에 불과하였다.

그러나 지금은 정신 심리학도 체계화된 학문으로 인정받고 있다.

사주명리는 정신 심리학보다도 더 논리적이고 과학적이며 역사도 훨씬 더 길다.

여러 대학에서 사주명리를 공부하고, 박사과정을 통해 여러 논문과 이론도 발표되고있다. 특히 한의학 분야에서도 사주명리가 응용되는 시도가 있다고 한다.

대중의 사랑을 받는 베스트셀러 사주 책도 나오길 간절히 소망해 본다.

3. 사주는 과학이다

수화기재(水火旣濟)는 균형이다

주역의 64괘 중 63번째 수화기제(水火旣濟)는 여러 가지 면에서 활용가치가 높다. 수화기제(水火旣濟)의 반대 개념은 화수미제(火水未濟)인데 수화기제가 수(水)와 화(火)가 균형을 이루었다는 의미라면 화수미제는 균형을 이루지 못했다는 것이다. 여기서 균형이란 상생(相生) 상극(相剋)의 개념과 비슷하다. 사주의 목적은 균형이다. 균형이 무너졌을 때 발생하는 것이 합충형해파이며 대부분 흉(凶)으로 나타난다. 그렇다면 수화기제(水火旣濟)의 현상에 대해 일주로 비교해 보겠다. 임오(壬午)일주의 경우 수화기제(水火旣濟)가 된다. 수(水)는 윤하의 성질로 아래로 향하고 화(火)는 염상의 기운으로 위로 향하여 수(水)와 화(火)가 만나게 되는 현상이다.

대부분 임오(壬午)일주의 경우 수화기제(水火旣濟)가 되어 부부관계가 좋다. 서로 소통되는 관계로 백년해로하는 경우가 많다. 반대로 병자(丙子)일주의 경우 병화(丙火)는 위로 올라가고, 자수(子水)는 아래로 내려가니 둘이 만나지 못해 이를 화수미제(火水未濟)라고 하며 부부관계가 좋지 않은 경우가 대부분이다.

위 경우는 이해를 돕기 위해 일주만으로 극단적인 예를 든 것이고 실제 중요한 것은 수(水)와 화(火)의 관계에서 사주 전체가 균형을 이루는 것이다. 수화(水火)의 균형은 서로의 목적 실현과 가치를 높이는 작용을 한다. 빛은 어둠 속에서 가치가 있고 어둠은 빛 속에서 목적이 실현된다.

또 수화기제는 성(性)에너지로도 작용하여 수화기제(水火旣濟)가 된 사주는 정력이 강하고 열정적이다.

사주의 기원은 천문이다

태양을 중심으로 목화토금수(木火土金水)의 위성이 있고 지구에는 달이란 위성이 있다.

이러한 위성들을 목화토금수(木火土金水)로 기호화하여 명칭을 부여한

것이 바로 음양오행이며 사주명리이다.

지구는 태양을 중심으로 매일 약 1도씩 움직여 1년이면 한 바퀴 돌게되고 달은 지구를 중심으로 한 달 동안 한 바퀴를 돈다.

그리고 거기서 파생되어 나온 것이 계절이고, 절기이다.

우주라는 시공간에서 한 치의 오차도 없이 움직이는 것은 바로 균형과 순환의 원리 때문이다.

부처의 깨달음도 중도(中道)에서 시작되었고, 유교의 핵심사상도 중화(中和)인 과유불급(過猶不及)이다. 사주명리 또한 억부(抑扶)라는 명칭으로 '균형'이란 공통분모에 있어서 크게 다르지 않다.

즉 중도(中道), 중화(中和), 억부(抑扶)는 균형을 의미한다. 마치 저울처럼 치우치면 가운데로 오려는 성질(탄성계수)을 가지고 있다. 모든 철학 이론은 음양오행이 기본이 되기 때문이다.

모든 동양철학의 공통분모는 '음양의 균형'이다.

사주명리(四柱命理)도 마찬가지이다. 음양오행(陰陽五行)을 이해하지 못하면 사주명리는 단 한 걸음도 앞으로 나갈 수 없다. 용신(用神), 십성(十星), 십이운성(12運星), 신살(神殺)까지도 음양오행이 기본이 된다.

예를 들어 사주에서 가장 안 좋다는 '상관견관(傷官見官)'과 가장 좋다는 '식신제살(食神制殺)'에 대해 비교해 보겠다.

● 상관견관(傷官見官) 명

일주	월주
乙	庚
巳	申

● 식신제살(食神制殺) 명

일주	월주
乙	丁
酉	酉

상관(傷官)이 정관(正官)을 보면 상관견관(傷官見官)되어 가장 나쁜 상황이 발생하지만, 편관(偏官)이 강한데 식신(食神)이 있으면 식신이 칠살(七殺)을 제압하여 길한 상황으로 반전되는 기운이 생긴다.

똑같은 오행의 생극제화(生剋制化)인데 어째서 극과 극의 차이가 나는 걸까? 이유는 바로 음양(陰陽)의 차이 때문이다.

오행(五行)만 공부하는 분에게는 상관견관과 식신제살은 같은 것이 된다. 당연히 제대로 된 사주 감정이 나올 수가 없다. 음양(陰陽)의 원리를 알아야지만 사주의 깊이가 생기고 해석도 가능하다.

운세 적용에서도 음양(陰陽)의 차이는 절대적인 힘을 발휘한다. 대부분 대운, 세운 위주로 맞지도 않는 『적천수』의 개두 절각만 논하고 있다. 『적천수』가 위대한 명리서임에는 분명하지만, 운세, 용신 부분은 명확하지 않다.

좋은 이론은 발전시키고, 맞지 않는 것은 재구성하는 것이 중요하다.

한마디로 운세는 대운과 세운, 월운, 일운, 시운까지 덜 중요하고 더 중요한 것은 없다는 것이다. 단지 역할이 다를 뿐이다.

필자는 2008년 베이징올림픽 1년 전에 박태환이 금메달은 물론 추가 메달까지 가능하다고 감정했다. 당시 우리나라는 올림픽 수영 종목에서 단 한 개의 메달도 없는 상황이었으나 대운, 세운뿐만 아니라 월운과 시기, 시점까지 봤기 때문에 그것을 예측 감정할 수 있었다.

운세에서도 용(用)이라는 고정개념을 버리고 체(體)와 용(用)이 함께 있다는 것을 적용했다. 즉 체용(體用)은 사주원국과 운(運)의 관계이기도 하지만 대운과 세운, 세운과 월운, 월운과 일운도 체용 관계일 수도 있다는 것이다.

예를 들어 대운(大運)에서 용신운(用神運)이 절각(絶脚)되면 10년이 다 나쁘고 대운이 개두(盖頭)되면 10년 중 반은 좋다는 등 이분법적인 논리로는 실제 길흉(吉凶)을 알 수 없다.

사건은 매 순간, 매 선택으로 결정되기 때문이다.

막연히 10년 동안 좋고 나쁘다, 1년 동안 좋고 나쁘다는 식의 감정은 여름에는 물가 조심, 겨울에는 빙판길 조심과 같은 이야기다.

즉 적천수의 운세감정에는 시기만 있지 시점은 없다.

대운시기가 10년이고 세운시기가 1년이면 그 기간 동안 전부 나쁘고 전부 좋을 수는 없다는 게 필자의 생각이다.

실제 자연에서도 봄 같은 겨울도 있지만 겨울 같은 봄도 있는 것과 같은 원리이다.

자연에도 삼한사온이 있듯이 사주운세도 마찬가지이다.

이 점이 시기와 시점을 함께 보는 운세 판단을 해야 하는 이유이다.

큰 사건 사고는 시점에서 발생하는 경우가 더 많다는 것은 어느 정도 입증되었다.

시기와 시점을 비유하자면 이런 것이다.

운(運)의 시기는 환경조성 같은 개념이고, 시점은 환경조성 속에서의 변화이다(**삶의 변화는 합충형파(合沖刑破)에 의해 움직인다**).

그래서 길운(吉運)에서도 실패할 수 있고 흉운(凶運)에서도 발전할 수 있는 것이다.

길흉(吉凶)은 인간에게 중요한 것이지 자연에서는 그저 현상이며 순환과정일 뿐이다.

즉 정확한 길흉(吉凶)의 시기 시점은 각 구간의 합충형파(合沖刑破)와 체용(體用)의 변화를 통해 알 수 있다.

용신(用神)이 들어와도 용신 작용을 못하는 경우가 있고 기신(忌神)이 들어와도 용신 역할을 하는 경우도 있다.

이 모든 원리가 바로 음양오행(陰陽五行)의 원리이다.

사주명리에서 음양오행은 수학의 사칙연산이다.

더하기 빼기도 못하면서 인수분해 삼각함수 방정식을 풀이한다는 것은 모래 위에 성을 쌓는다는 것과 같다.

이제 우리는 사주명리의 위대한 도약을 앞에 두고 있다.

그 선택은 우리 사주명리학자들의 몫이 아닐까 생각해 본다.

4. 흉신(凶神)은 길신(吉神)을 선행한다

신살(神殺)의 90% 이상이 흉신(凶神)이며 작용 면에서도 흉신이 길신(吉神)보다 먼저 작용하고, 그 효과도 훨씬 더 강력하다. 그래서 실제 감정 시 역술인들이 가장 많이 오류를 범하는 부분도 바로 길흉(吉凶)의 우선순위이다. 길흉의 우선순위를 잘못 적용했을 경우 매우 큰 부작용이 발생하게 되는데 의사가 폐암을 기관지염이라고 오진하는 것과 비슷하다고 할 수 있다.

운명의 오진은 상담 의뢰자에게 치명적인 결과를 만들 수도 있다. 현상 유지를 해야 할 시기에 창업을 하게 되고 직장이동을 해서는 안 될 시기에 직장을 이동하게 된다면 적게는 2~3년, 혹은 영원히 재기불능의 결과를 초래할 수도 있다.

가끔은 유명 선생님이나 베테랑 역술인들도 종종 실수하는 경우도 있기 때문에 두 번 이상 검증해야 한다.

그렇다면 길흉(吉凶)의 우선시기 적용이 왜 어렵고, 어떻게 해석해야 올바른 감정이 되는 것일까?

예1 흉신(凶神)인 '천라지망'과 길신(吉神)인 '천을귀인'이 동시에 세운에서 들어왔다면, 천라지망은 작용하고 천을귀인은 작용하지 않거나 그 효과가 매우 미미하다.

만일 여기서 천을귀인만 찾아 적용하고 천라지망을 보지 못하거나 천을귀인을 먼저 적용한다면 사주 감정은 정반대로 나올 것이다.

비유하자면, 사주에서 흉신(凶神)은 검은색이고 길신(吉神)은 흰색이기 때문에 섞이면 모두 검은색으로 변하는 것과 비슷하다.

예2 신해(辛亥)일간을 가진 사람에게 길신(吉神)인 임수(壬水)가 들어왔다고 가정해 보자. 길신(吉神)이 들어왔다고 좋다고 할 수 있을까? 사주원국에 정관(正官)이 없다면 좋을 수 있지만, 만약 정관(正官)이 있다면, 상관견관이 되어 매우 흉(凶)하다.

두 예시에서 보듯이 길흉(吉凶)은 항시 바뀐다. 사주 감정이 어려운 것은 변화를 읽어내야 하기 때문이다. 사주원국은 물론 대운, 세운, 월운, 일운과 거기에서 파생되는 합충형파, 길신, 흉신 등을 살펴보고 적용해야 할 사항이 너무도 많다.

병원은 각종 의료장비가 있지만 사주 감정은 오직 상담자의 실력밖에 없다.

매년 학원에서 수천 명씩 쏟아져 나오는 역술인들과 무속과 섞여 사주를 감정하는 사람들이 많을수록 오류는 더 많이 나올 수밖에 없다.

사주는 매우 어려운 공부이다. 사법시험과 비교해도 결코 더 쉬운 공부라고 할 수 없을 만큼 많은 시간과 노력을 필요로 하는 공부이다.

길신과 흉신이 있을 때, 흉신이 왜 더 강하고 왜 먼저 적용해야 하는지 그 원인을 논리적으로 설명할 수 없다면 타인의 사주 감정을 해서는 안 된다. 용신 운이 들어왔는데 용신 작용을 못 하는 이유를 알지 못한다면 음양오행부터 다시 공부해야 한다.

20세기 실존주의 철학자 샤르트르는 **"실존이 본질을 선행한다."**라고 했다.

존재가 본질을 앞서는 이유는 '내가'가 중심이며, 내가 존재함으로써 모든 것이 가능하다는 의미이다.

필자는 이를 패러디하여 **"흉신(凶神)은 길신(吉神)을 선행한다."**를 인용해 보았다.

> 사주에서 흉신(凶神)은 '균형'을 흔드는 작용을 한다. 균형이 무너진 후 길신(吉神)은 의미가 없다.

※ 근거 없는 흉신(凶神)도 전체 흉살(凶殺) 중 80% 이상이다.

5. 어릴 때 사주를 봐야 하는 이유

사주는 어릴 때 봐야 한다.

30대만 되어도 진로나 직업을 수정하기 어렵기 때문이다.

많은 사람들이 여름에 겨울옷을 입고 겨울에는 여름옷을 입고 힘들어한다. 계절에 맞는 옷을 입는 게 쉽다고? 절대 쉽지 않다.

계절에 맞는 옷을 입고 잘사는 사람들은 절반도 안 되기 때문이다.

사람은 자기 자신을 잘 모른다.

자신이 어떤 사람인지, 무엇을 하고 살아야 하는지 우왕좌왕한다.

예를 들어 편관(偏官)이 강한데 식신(食神)이 없다면 이 사람은 공직이나 큰 조직 사회로 들어가 조직이 시키는 대로 복종하면서 조직의 보호를 받아야 한다.

조직의 보호하에 조직이 원하는 사람이 되어 살면 이 사람은 문제없이 잘 살 수 있다.

그런데 만일 이 사람이 직장 생활이 아닌 자영업을 한다면 인생의 파란과 굴곡은 이미 예정되어 있다고 해도 무방하다.

왜냐하면 편관(偏官)은 예측이 불가한 사건 사고인데 식신(食神)이 없다면 이를 해결할 능력이 없다. 회피하거나 좌절하게 되는 것이다.

물론 편관이 있는데 식신도 있어 식신제살(食神制殺)이 잘되어 있다면 조직에서도 탁월한 능력이 발휘된다.

時	日	月	年
乙	甲	丙	甲
亥	申	申	戌

(신왕(身旺)하면서 식신제살이 된 사주이다)

아마도 이순신 장군이 식신제살(食神制殺)이 잘된 분이 아닌가 생각된다.

매우 어렵고 힘든 상황들을 잘 헤쳐 나가는 천우신조의 힘을 지니고 있기 때문이다.

한 마디로 식신제살은 '천우신조의 힘'이다.

위의 이유로 사주는 어릴 때 보는 것이 유리하다는 것이다.

이 아이가 어떤 옷을 입어야 할지 알려줄 수 있기 때문이다.

※ 편관(偏官)이 강할 때 식신(食神)이 있으면 식신제살(食神制殺)이라고 한다. 식신제살은 크게 4가지 관점에서 볼 수 있는데 건강의 관점, 사회적 관점, 심리적 관점, 육친적 관점이다.

우선 건강의 관점에서 살펴보도록 하자.

편관은 일간을 무자비하게 공격하는 가장 예측 불가한 흉기이다.

따라서 편관이 강한데 식신이 없으면 이를 칠살(七殺)이라고 부른다.

'살(殺)'이란 죽인다는 의미가 있다. 건강의 적신호가 켜진 것이다.

자신의 사주에 '식신'이 없다면 스스로 건강을 챙기는 습관을 어릴 때부터 들여야 한다.

사주에 식신이 있는 것만으로도 복이란 소리가 있다.

단 식신은 편인(偏印)이 있으면 편인도식(偏印倒食)이라 하여 식신이 깨진다.

따라서 편인 운(運)이 들어올 때 식신이 일지에 있다면 건강을 특히 조심해야 한다.

일지에 식신이 있는 사람도 경우에 따라 건강이 나빠질 수 있는 원인인 것이다.

사회적 관점에서 식신제살은 예기치 못한 사건 사고들로부터 일간을 보호하는 역할을 하며 심리적 관점에서의 식신제살은 위협적인 '살(殺)'로부터 자신을 보호할 수 있다는 자신감을 가지고 있다. 따라서 사주에 식신제살이 되어 있다는 것만으로도 자신감 넘치는 멋진 사람이 될 수 있는 것이다.

심리적 관점에서 식신제살은 '여유와 자신감'이다.

어떤 상황이 발생하더라도 피하지 않고 정면 돌파하려는 성향을 지니며 실제 대부분 문제를 해결하고 승리자의 길을 걷는 경우가 많다. 그 승리의 원인은 여유와 자신감, 그리고 강한 정신력이 기본 바탕이다.

육친적 관점에서의 식신제살은 여성에게 의미가 있는데 좋은 남편을 만날 수 있는 능력이다.

식신제살이 잘 되어있는 여성은 남자를 변화시키는 힘도 지니고 있다. 나쁜 남자도 식신제살된 여성을 만나면 순한 양으로 변하기도 한다.

6. 신강신약(身强身弱)의 의미

사주에서 신강신약(身强身弱)이 중요한 것은 알지만, 어떤 부분에서 왜 중요한지 모르는 경우가 대부분이다. 용신(用神)을 정하기 위해서나 혹은 길흉(吉凶)을 보기 위해서 정도로 생각할 것이다.

사주에서 신강신약(身强身弱)이 중요한 이유는 내가 주체가 되는지 네가 주체가 되는지 알기 위해서이다.

내가 주체가 되는 삶은 사업, 장사, 정치 등 강한 직종이 맞고 네가 주체가 되는 삶은 월급, 공직, 전문직 등 약한 직종이 맞는다.

내가 이끌고 가는 힘이 없는데 사업을 한다면 어떤 결과를 초래할지 판단이 될 것이다.

물론 상황에 따라 신약한 사주도 사업가로 성공할 수 있다.

하지만 기본 원리와 구조는 그러하다.

시중에 나와 있는 책이나 고서에도 위에 있는 정보가 명확하게 나온 것이 없다. 그렇다 보니 사주공부가 용신에 매달려 신강신약(身强身弱)만 찾다가 끝나는 경우가 허다하다. 사주는 실용학문이다. 만일 사는 데 실질적으로 도움을 줄 수 없다면 불필요한 잡설이 될 것이다.

신강신약은 일주(日柱)와 월지(月支)만 봐도 어느 정도 알 수 있다.

어떤 아이가 일주가 간여지동되었고, 월지에 겁재가 있는데 관성이 없고 인성과 재성만 있다고 가정해 보자.

時	日	月	年
戊	庚	己	甲
寅	申	酉	戌

(직업이 불안정한 사주)

이 아이는 공무원이나 조직생활은 할 수 없는 아이다. 어릴 때부터 전문직 자격증을 취득하기 위한 계획을 짜야 한다. 안 그러면 아이는 평생 직업이 불안정하고 경제적으로 궁핍하게 살 수밖에 없다. 이 아이의 사주 포인트는 '한 우물 파기'가 되는 것이다.

또 어떤 아이 사주가 지지에 토(土)가 지나치게 많고 형살(刑殺), 극충(剋沖) 등이 있다고 가정해 보자.

時	日	月	年
甲	甲	壬	甲
戌	辰	午	戌

(실제 개인병원을 운영 중인 의사 사주)

時	日	月	年
甲	甲	壬	甲
戌	辰	午	戌

(실제 무역업으로 성공한 사주)

이 아이는 활인(活人) 업종으로 업상대체(業象代替)해야 하며, 식신생재(食神生財) 구조로 신강하다면 사업, 장사를 해야 한다. 물론 여러 변수는 있지만 기본이 그렇다는 이야기이다. 그래서 스님 사주로 사업을 하는 사람들도 많고, 사업하실 분이 공직에 있는 분들도 더러 있다.

무관(無官) 사주나 관고(官庫)된 사주가 법이나 규칙, 약속을 잘 지키는 사람은 단 한 명도 본 적이 없고 무식상(無食傷) 사주나 식상고(食傷庫) 사주 중에 자신을 잘 표현하고 말 잘하는 사람도 본 적이 없다.

말 잘하는 것과 말이 많고 잔소리가 심한 것은 엄연히 다르다.

말을 잘한다는 것은 말의 근거가 있어 설득력과 신뢰성이 있다는 의미이다.

사주는 우리가 사는 인생이란 여행에서 나침반의 역할을 해준다. 간여지동 일주에게는 고집이 너무 강하다고 알려주고, 일지에 진사술해(辰巳戌亥)가 있는 사람에게는 천라지망 흉살(凶殺)이 들어오니 조심하라고 정보를 제공해 준다.

이와 같이 사주는 인생의 중요 정보를 수십 개에서 수백 개까지 아무런 조건 없이 보여주는 것이다. 다만 공부를 하지 않으면 알아볼 수 없을 뿐이다. 물론 사주를 몰라도 살 수는 있다.

하지만 평탄한 길을 놔두고 죽을 만큼 힘들게 살 각오가 되어 있지 않다면 사주를 아는 것이 좋다.

필자는 대한민국에서 사주 감정을 가장 잘하는 상담가가 되기 위해 지금도 매일 공부하고 연구하고 있다. 20년간 사주명리 공부를 하면서 가장 안타까웠던 것은 '정말 중요한 내용은 고서에도 시중의 책에도 없다는 것'이었다. 그래서 대부분 의도하지 않게 편협된 공부를 하고 있는 것이 현재 사주의 현실이다.

7. 사주 고서(古書)의 문제점

고서(古書)대로 재성(財星)에 대해 공부하다 보면 이상한 논리가 나오는 경우도 상당히 많이 있다. 고서에 의하면 사주에 재성(財星)이 없으면 돈이 없어 가난하고, 여자 복이 약하고, 심지어 아버지도 없다는 황당한 내용이 있다.

그리고 그 내용 그대로 가르치고 배우고 있다.

즉 재성(財星) = 돈, 여자, 아버지가 각인된 것이다.

재성(財星)은 재물, 돈 여자, 아버지가 아니라는 것은 아니다. 다만 사주에서 재성(財星)은 그렇게 단순하게 판단해서는 안 된다. 여기에는 가장 중요한 음양(陰陽)이 빠져있고, 개개인의 계산이나 예측 기능도 **고려되어있지 않다.**

인성(印星)도 문서화된 재물(지적재산권 부동산)일 수 있고, 관성(官星)도 결정된 재물(직장생활 월급)일 수 있다. 또 재성(財星)이 없을 때는 인성이나 관성이 아버지 역할을 할 수 있고 재성(財星)이 없어도 아내와 애인까지 있는 경우가 더 많을 수도 있다.

예를 들어 무재(無財) 사주가 부자인 경우가 많은 것은 무덤 속에 돈이 저장되어 있기 때문이다. 오히려 드러나 있는 돈은 생활비이다.

지갑에 몇 천만 원, 몇 억을 가지고 다니는 사람은 없지 않겠는가. 하지만 문서화된 돈은 몇 십억, 몇 백억짜리도 수없이 많다. 인성(印星)으로 문서화된 재물이 진짜 큰 돈인 것이다. 이처럼 사주는 보이지 않는 것을 봐야 한다.

달이 보이지 않는다고 없는 것이 아니다. 단지 태양으로 인해 드러나지 않았을 뿐이다. 그것이 음양(陰陽)이고, 균형이다.

그것을 보지 못하면 사주는 영원히 신강신약에서 멈춰 있을 수밖에 없을 것이다.

사주명리의 3대 고서(古書)는 『적천수』, 『자평진전』, 『궁통보감』이고, 그 외에도 수많은 명리고서들이 쌓여 있다. 때문에 어떤 고서를 가지고 어떻게 공부해야 할지 난감할 것이다. 이들 고서는 각각의 유용한 사주의 특징을 가지고 있고 그것들은 실제도 매우 유용하다.

그러나 버릴 것이 무엇인지 알 수 없기에 사주명리 입문자들은 우왕좌왕할 수밖에 없다.

가장 좋은 방법은 사주명리의 개념을 가장 확실하게 전달할 수 있는 책인데 그것은 아쉽게도 고서에는 없다.

필자가 사주명리 입문자들에게 해주고 싶은 말은 기본에 충실하라는 것이다.

사주명리의 기본은 음양(陰陽)과 오행의 생극제화(生剋制化)이다.

이것의 개념만 확실히 한다면 사주명리 공부는 반 이상 끝난 것과 같다.

8. 사주명리의 진화

천 년의 역사를 지닌 '자평명리'.

중국에서 발전하여 동북아로 전파되었으나 중국에서는 유학, 도학 등에 밀리고 우리나라에서는 유학, 성리학에 밀려 변방의 학문으로 있다가 갑오경장, 일제 시대를 거치면서 민간풍습과 결합되어 이상하게 변형된 '사주철학'이라는 이름으로 변질되어 지금까지 이어져 왔다.

사주명리가 점술적 기능은 있지만, 그것은 사주명리의 일부 기능일 뿐, 실제로 가장 중요한 것은 '나 자신을 아는 것이다.'

사주를 통하여 나 자신을 알고 내가 어떤 기질을 타고났고, 어떤 일을 해야 하며 앞으로 어떻게 살아야 할지 미리 정보를 알아내는 것이다.

그래서 '사주'는 어릴 때 상담받는 것이 가장 유용한 것이다.

심지어 **"아이 때는 사주보는 게 좋지 않다."**라는 말도 안 되는 미신을 믿는 사람들도 있다. 아침에 출근할 때 여자를 만나면 재수 없다는 것보다 더 황당한 소리이다. 오히려 60대 이상 분들이 사주상담을 하면 건강 외엔 해줄 말이 별로 없다. 진로, 직업선택, 재물, 결혼운 등 조언해 줄 이야기가 많지 않기 때문이다.

사주에는 많은 정보가 담겨 있다. 그리고 그 정보는 정확하게 맞는다.

사주가 맞지 않는 것은 실력 부족으로 잘못 보거나 외적 변수에 의해 달라진 것이다(**외적 변수: 부모, 환경, 선택, 조상 등**).

따라서 상담받은 내용은 반드시 명심하고 이행해야 한다.

가끔 입시생에게 '합격운'이 있냐고 묻는 분들이 있는데 한마디로 잘라 말한다.

"사주에 그런 디테일한 정보는 없다."

합격, 불합격은 본인이 가장 잘 알 것이라고 말해 준다. 자신이 열심히 공부했다면 '합격', 반대로 열심히 놀았다면 '불합격'이다. 학문에는 '운(運)'이 작용하지 않는다. 다만 공부할 시기에 '노는 운'이 들어올 예정이니 이에 대비하여 미리 공부시킬 수 있는 방법을 찾으라고 조언해 주고, 시험일에 길신운이 들어오니 심리 상태나 컨디션이 좋아 시험에 유리하다고 말해 주는 정도가 전부이다.

즉 시험의 정확한 합격이나 불합격은 사주로 알 수 없다는 것이다.

그러나 역마충(驛馬冲)이 들어오는 시기에는 순수학문이나 활인업의 경우에 한하여 예외적으로 합격의 영광이 생기기도 한다. 이는 시작의 기운인 역마충 자체가 순수한 기운이기 때문이다. (대학입시, 의사면허시험, 사법고시, 임용고시 등)

편인, 편재, 상관이 발달했다면 공부요령이 있어 초등학교 때는 자주 100점을 맞지만, 중고등학교 때부터는 성적이 떨어질 것이고 정인, 정재, 식신이 있는 아이는 요령이 없어 초등학교 때 시험 성적은 별로지만 갈수록 실력이 일취월장할 것이다.

지식을 차곡차곡 순차적으로 쌓는 정인(正印)이 있는 아이는 내공이 쌓여 나중에 결실을 잘 맺는 것이고 요령꾼인 편인(偏印)으로 공부한 아이는 기초가 부족해져서 나중에 실력 차이가 나는 것이다.

정인은 **순차적으로** 움직이려 하고 식신은 깊이 연구하며 정재는 꼼꼼하게 정리하려는 성분이 있다. 그래서 이 세 가지 성분이 잘 조합되면 우등생이 될 수밖에 없다. 교수, 연구원, 선생, 발명가 **등의 직업이** 맞는다.

이와 반대로 편인, 편재, 상관은 즉흥적이고 감성계가 발달하여 그것에 맞는 진로로 진출하면 크게 성공할 수 있다. 이런 경우에는 연예, 예술, 언론, 디자인 등 분야가 맞는다.

또한 관성과 인성이 발달한 아이들은 공직으로 진출하면 좋은데 편관은 검/경군 계통, 정관은 행정이나 정무직 계통이 좋다.

그 외 식신생재가 잘 발달한 아이는 사업이나 장사방향으로 길을 잡아 주면 된다.

이 모든 정보가 사주 안에 명확하고 뚜렷하게 나타나 있기 때문에 사주는 '어릴 때 보는 게' 가장 좋다.

필자의 경우도 '아이의 사주 상담을 할 때' 가장 큰 보람을 느낀다.
한 아이에게 올바른 운명의 지름길을 제시해 주는 일이기 때문이다.

9. 궁합보다 더 중요한 것

궁합은 일간을 중심으로 사주팔자 간의 상호작용을 가지고 판단하는 사주명리의 파생상품이다. 대표적인 사주명리의 파생상품으로는 궁합, 택일, 작명 등이 있다. 그런데 가끔은 파생상품이 본 상품(사주)을 무시하고 제멋대로 제품을 만들고 있는 것을 종종 본다. 이것은 마치 사과나무 없이 사과가 저절로 만들어진 것 같은 현상인데, 사주의 파생상품은 사주명리의 해석이 없이는 절대로 나올 수 없다.

부모 없는 자식이 있을 수 없듯이 궁합도 마찬가지이다. 부모는 사주에 해당하고 궁합은 자식인 것이다. 그렇다면 궁합의 기본 원리는 무엇일까?

일부 **사주 상담가**는 이 궁합의 원리조차 모르는 경우가 많고, 한술 더 떠서 궁합이 좋지 않으니 살풀이를 하라고까지 권유한다. 개인 사주 감정이 안 된 상태에서 궁합을 본다는 것 자체가 불가능한 일이지만 이를 잘 모르는 상담 의뢰자들은 실제 많은 비용을 지불하는 경우가 비일비재하다. 그리고 **궁합이 흉(凶)한 경우, 살풀이나 부적으로 절대 개운할 수 없음을 기억해야 한다.**

물론 진짜 개운법은 있다. 강한 사주라고 해서 행복해질 수 없다면 우리가 사주명리를 공부할 이유 자체가 없어지기 때문이다. 우리가 사주명리를 알아야 하는 이유는 나 자신을 알고, 미래를 대비하기 위해서이다. 궁합도 마찬가지이다. 아무리 좋지 않은 궁합도 행복하게 살 수 있는 방법이 있다.

자! 질문을 던져보겠다.

궁합은 무엇일까? 정의해 보자.

한마디로 정의하면 궁합은 '균형'이다. 궁합의 원리도 사주의 원리에서 벗어날 수 없다. 균형은 억부, 중화, 중도 등의 말과도 의미를 같이할 수 있다. 즉 2개의 사주팔자를 가지고 균형을 맞춰보는 것이 바로 궁합인 것이다. 이 원리를 모르면 엉터리 궁합감정이 될 수밖에 없다. 그런데 균형의 원리를 무시하고 합충형파만 해석하는 경우가 많은 것이 현실이다.

궁합에 있어서 기본은 개인 사주이다. 그래서 개인 사주가 안 좋은 경우, 다시 말해 균형이 무너진 사주의 경우 궁합이 좋을 수가 없다. 저질 원단을 가지고는 좋은 옷을 만들 수 없는 이치이다. 자연, 사람의 신체, 정신, 삶까지도 모두 기본은 균형이다. 자연이 균형을 잃으면 자연재해가 일어나고, 사람은 균형을 잃으면 면역력이 무너져 병이 든다. 음악도 미술도 건축도 균형이 있어 아름다운 것이다.

> **음양균형(조부모) ▶ 사주명리(부모) ▶ 궁합(자식)이다.**

사주에서 일지(日支), 배우자 자리에 충극(沖剋) 및 원진이 발생하면 우선 배우자와 문제가 발생하는데 미혼의 경우는 결별로 가볍게 지나갈 수 있지만, 기혼의 경우는 이혼이나 사별 등 중대한 사건으로 이어질 수 있다.

특히 충(沖)과 원진, 천라지망 등이 대운, 세운, 월운, 일운 등에서 같이 들어올 경우 그 흉(凶)의 크기는 가중되며 월운이나 일운까지 동착(동시에 일어남)될 경우 드물지만 사망에 이르기도 한다.

사주에서 일지는 배우자 자리이며 나의 하반신이 되는 매우 중요한 자리이다.

그런데 여기에 충(沖)이 발생한다는 것은 매우 심각한 결과를 만들 수 있다는 것이다.

비유하자면 내 몸(운명)에 칼이나 총알이 들어오는데 그에 더해 원진귀문, 천라지망까지 들어온다면 내 몸(운명)에 총알, 칼, 창이 다 들어오는 형국이 되는 것이다.

10. 흉(凶)은 길(吉)을 선행한다

"흉(凶)은 길(吉)을 선행한다."라는 말을 기억할 것이다.

사주에서 흉(凶)은 길(吉)보다 훨씬 강력하다. 길(吉)이 흉(凶)을 조금 반감시켜 줄 수는 있지만 흉(凶)을 앞서거나 이길 수는 **없다.**

무술(戊戌)년으로 예를 들어 보겠다. 만일 일지(日支)에 술해사(戌亥巳)를 깔고 있다면 지지(地支)는 충(沖), 천라지망, 원진에 해당하는 것이고 만일 임계(壬癸) 일간을 가졌다면 천간까지 극(剋)을 당하는 형국이니 흉(凶)이 가중되는 것이다.

무술(戊戌)년에 특히 조심해야 할 일주는 **임진(壬辰), 계해(癸亥), 계사(癸巳), 갑진(甲辰), 을해(乙亥), 병진(丙辰), 경진(庚辰), 신해(辛亥), 신사(辛巳)** 등이다.

충(沖)은 빼앗는 것이다. 너의 것을 내가 빼앗는다라는 의미를 지니고 있다.

따라서 충(沖)은 욕심이나 욕망을 나타내며 충운(沖運) 때 욕심을 내거나 무리해서 실패하는 경우가 많다. 그것이 재물이든(재성의 충), 사랑이든(재관의 충), 직장이든(관성의 충), 건강(식신의 충)이든 말이다.

빼앗는 오행도 설기(洩氣)되어 나쁘고 빼앗긴 오행도 깨져 나쁜 것이 충

(沖)이다. 충(沖)이 좋은 작용을 하는 경우도 극히 일부이지만 있다.

예를 들어 수(水)가 기신(忌神)인데 지지(地支)가 신자진(申子辰), 삼합(三合)으로 묶여있을 때 오화(午火)가 들어와 자오(子午)충을 일으켜 왕지(旺支)를 빼앗으면 삼합(三合)이 풀려 수(水)의 기운이 약화된다. 즉 기신 운이 약해지는 효과이다. 이런 경우 충(沖)은 예외적이지만 좋은 작용을 하게 된다.

11. 뗏목 이야기

불교의 가장 위대한 경전 중 하나인 금강경에 뗏목 이야기가 나온다. 부처님은 자신의 말씀(법, 法)조차 뗏목처럼 여기라 하셨다. 뗏목은 강을 건너는 수단일 뿐이며 그 자체가 목적이 아니기 때문에 부처님은 자신의 말씀(法)조차 쓰고 나면 버려도 좋다고 말씀하신 것이다.

부처의 위대함이 느껴지는 대목이다. 오직 자신의 말이 유일한 길이고 진리라 주장하지 않고 진정한 가르침은 누구도 대신해 줄 수 없으니 **깨우침은 스스로 얻어야 한다는 평범하지만 위대한 말씀이다.**

무소의 뿔처럼 혼자서 가라.

-부처-

부처의 가르침은 모든 중생이 부처가 될 수 있고, 이를 통하여 모든 번뇌로부터 벗어나 진정한 자유를 얻을 수 있다는 것이다. 그렇다면 깨달음을 얻기 위해서 우리는 무엇을 어떻게 해야 하는가?

그 시작은 자기 자신을 아는 것으로부터 시작해야 한다.

남을 이기는 것은 힘이 있을 뿐이지만 자신을 이기는 것은 지혜를 겸비한 힘이 있는 것으로 진실로 강한 것이다.

자신을 알기 위해 가장 먼저 해야 할 것은 '**알아차림**'이다.

내가 화가 났을 때 스스로 화가 난 것을 알아차려야 멈출 수 있고 어리석은 행동을 할 때도 스스로 어리석은 행동임을 알아차려야 그것에서 벗어날 수 있다.

그 과정을 수없이 반복하는 것이 '수행'이다.

그리고 반복된 **수행**은 우리에게 좋은 **습관**을 만들어 주고 행복한 인생의 길로 인도해주는 역할을 하는 것이다.

'깨달음'은 대단하고 거창한 것이 아니다. 지극히 평범한 것들이나 지극히 작은 마음들 속에 있는 것들을 올바르게 관찰하고 실천하는 것이 전부이다.

"거짓말하지 말라."

"도둑질하지 말라."

"시기하지 말라."

"남을 비난하지 말라."

"남의 불행 위에 내 행복을 쌓지 말라."

이러한 평범한 것들을 지키고 실천하는 것이 깨달음이다. 사주명리의 목적도 자기 자신을 정확히 아는 것이 시작이다. 그리고 그것에 맞게 순리대로 삶을 영위하는 것이다.

최고의 개운법은 '선행'이며 자신의 마음을 다스리는 것이 1,000만의 적을 이기는 것보다 더 가치가 있다.

내가 주체가 되어 이끌어 가는 인생은 사주에 이미 어느 정도는 정해져 있지만 이를 구체적으로 만들고 성취하는 것은 스스로의 노력과 조절 능력이다.

하늘은 스스로 돕는 자를 돕는다는 평범한 진리를 잊지 말자.

12. 하늘이 무너져도 솟아날 구멍이 있다

"폐하, 적에게 완전히 포위되었습니다. 도저히 빠져나갈 길이 보이지 않습니다."

통일 고려 건국 3대 전투 중 하나인 대구 '**공산 전투**'에서 고려의 왕건은 견훤에게 크게 패하여 절체절명의 위기에 있었다. 이때 충신 신숭겸이 왕건의 옷을 입고 적을 유인하는 사이 왕건은 변복을 하여 포위망을 무사히 빠져나온다. 신숭겸의 충의가 아니었다면 '왕건'은 그날 포로로 잡히거나 전사했을 것이다.

왕건을 대신하여 기꺼이 목숨을 버린 신숭겸의 행동이 바로 정인(正印)이 편관(偏官)을 도운 것에 해당한다. 천우신조의 운(運)은 편관이 정인을 보았을 때 일어난다.

만일 충신 신숭겸의 천우신조(天佑神助)가 아니었다면 고려는 없었을 것이고 대신 후백제가 삼국을 통일했을 가능성이 높다. 제왕의 천우신조는 역사의 물줄기를 바꿀 힘이 있다는 점에서 관인상생의 역할을 다시금 생각하게 된다.

사주에 편관(偏官)이 있다는 것은 삶의 풍파가 예견되어 있다고 해도 과언이 아니다.

그런데 편관 옆에 정인(正印)이 있다면 편관은 그 위기를 모면하거나 역전의 기회로 만들 수 있다. '관인상생'의 기운이 위기를 기회로 바꿔 주는 것이다.

12운성에서 절지(絶支)에 해당하면 절처봉생의 기운으로 전도현상이 있다. 즉 완전히 죽었다가 다시 살아나는 것이다. 현실에서는 극단적인 예를 든다면 부도로 망하기 일보 직전에 로또에 당첨되어 알부자로 탈바꿈하는 것에 비유될 수 있다.

관(官)은 자신을 보호하는 울타리 같은 역할을 하는데 편관(偏官)은 그 울타리를 뒤집으려는 성향이 강하다. 정관(正官)처럼 순차적으로 계단식으로 오르지 못하고 한 번에 편법적인 방법을 동원하여 정상에 오르려는 심리가 강한 것이다. 따라서 실패할 때, 편관(偏官)은 살(殺)로 변화되어 나(일간)를 공격하게 된다.

이때 식신(食神)이 있다면 일간의 방어벽이 되며 거기에 정인(正印)까지 있다면 전도(역전)의 기회까지 주어진다.

사주에서 전도(역전)는 크게 두 가지 상황에서 일어난다. **'관인상생'과 '절처봉생'**이다.

일지를 기준으로 관인상생이나 절처봉생이 된 사주는 인생이 다소 고달 프지만 영화나 소설처럼 매우 드라마틱한 상황이 연출된다.

필자 개인적으로는 어차피 한평생인데 정관과 정인, 정재처럼 무난한 삶

을 사는 것보다는 파란만장한 인생이 더 가치 있지 않을까 생각해 보게
된다.

'관인상생'은 편관이 정인을 만났을 때, '절처봉생'은 일지가 절(絶)에 해당
할 때 인생은 격랑 속에서 순풍을 맞이할 수 있다.

13. 죽음의 신은 운(運)에서 들어온다

**사주에서 길흉(凶運)은 운(運)에 의해 결정된다. 그리고 그 운은 길운(凶
運)과 흉운(凶運)으로 나뉘며 길운보다는 흉운이 훨씬 많다. 그래서 인생
이 즐겁긴 어렵지만 힘들긴 쉬운 것이다.**

흉운(凶運)이란 구체적으로 어떤 것이고 어떤 형태로 들어오는지 살펴보자.
흉운은 우선 기신(忌神)운과 합충형살(合沖刑殺)이 대표적이다. 기신이란
내 용신(用神)을 공격하는 흉신으로 나(일간)에게 가장 필요한 오행이 화(火)
라고 가정한다면 운(運)에서 차가운 물(水)이 쏟아져 들어오는 것이다.

이때 건강이 급속도로 악화될 수 있는데 죽음의 유형으로는 사건 사고
보다는 병사(病死)나 자살 등의 비율이 높다. 사주원국에 '식신(食神)'이 없
는데 편관 운이 들어오면 '칠살(七殺)'이라고 한다.
이때 사주원국에 편관(偏官)이 있다면 흉(凶)이 가중된다. 주로 사건 사고
에 연관되기 쉬운데 교통사고나 낙상 등 물리적으로 다치기 쉽고 흉운이
대운, 세운, 월운, 일운 등에서 중첩될 경우 사망에 이르기도 한다.

합충형살(合沖刑殺)의 경우 '충형(沖合)살'은 몰라도 '합(合)'이 죽음과 연관된다는 것은 좀 의아하게 들릴 수도 있을 것이다. 그러나 합(合)이 들어와 합(合)한 기운들이 기신(忌神)으로 바뀌면 형충(刑殺) 이상으로 나쁜 상황이 발생하기도 한다. 길운(吉運)이 들어와서 흉운(凶運)으로 바뀌는 전도현상을 새옹지마 운(運)이라고도 하는데 이런 운(運)이 들어오는 경우, 잘되던 것이 갑자기 돌발사고로 멈추거나 역전되는 현상이 벌어진다. 닭요리 장사가 잘되다가 조류독감이 유행하여 갑자기 장사가 안 되는 등의 내 의지와 상관없이 일이 벌어지는 것이다.

그래서 운(運)이 좋다고 자만해서도 안 되고 운(運)이 나쁘다고 비관할 필요도 없다. 운(運)은 늘 움직이기 때문이다.

※ 충형살(沖刑殺)이 들어올 경우인데 가장 무서운 몇 가지 흉운(凶運)에는 주의해야 한다. 천라지망, 귀문관살, 삼형살(三刑殺), 인신사해(寅申巳亥), 자오묘유(子午卯酉), 진술축미(辰戌丑未) 충(沖) 등이다.

이것들이 중첩되어 들어오거나 직방으로 들어올 때 죽음은 바로 내 코앞까지 온다. 흉운(凶運)은 인생의 천재지변이다. 폭풍우가 몰아칠 수도 지진이 일어나기도 한다. 우리가 이것을 막을 수는 없지만 대비할 수는 있고 대비하기 위해서 사주를 알아야 한다.

흔히 사람들은 사주를 믿는다, 혹은 믿지 않는다는 식으로 이분법적인 분류를 하기도 한다. 그러나 사주는 믿든 안 믿든 그대로 작용한다. 봄, 여름, 가을, 겨울이 우리의 의지와 상관없이 흐르듯이 말이다. 천 년이 넘은 이 학문이 사라지지 않은 이유는 바로 여기에 있다. 자연의 이치가 믿고 안 믿는 선택의 대상이 될 수 없듯이 사주도 역시 마찬가지다. 사주명리는 우주 자연 현상을 인간의 운명에 적용한 학문이다.

사주와 운(運)에서 보내는 경고의 메시지를 그냥 무시한다면 곧 엄청난 재난을 겪게 될지도 모른다.

14. 죽음의 살(殺) 편관(偏官)

사주에서 살(殺)은 죽음을 의미한다.
편관(偏官)이 칠살(七殺)로 변할 때 죽음의 그림자가 드리운다.

> 재물을 잃으면 작은 것을 잃는 것이요
> 신용을 잃으면 큰 것을 잃은 것이지만
> 건강을 잃으면 전부를 잃은 것이다.

태어난 것은 죽음을 피할 수 없다.
하지만 사는 동안 무병장수의 꿈은 모든 사람의 바람일 것이다.

자신의 사주를 살펴볼 때 편관(偏官)이 많은데 식신(食神)이 없다면 늘 '죽음'의 그림자가 있다고 생각하면 된다. 게다가 시시(地支)에 전라지밍, 귀문관살, 충극형살이 혼잡되어 있다면 '죽음'의 시한폭탄이 카운트다운을 시작한 것이다.
이때 운(運)에서 흉운, 흉살, 칠살이 들어오면 '죽음'을 피하기 어렵다. 특히 70살 이후는 거의 적중한다.

공자는 죽음에 대한 질문에 대해 "아직 삶도 다 모르는데 어찌 죽음을 논하리오."라고 했지만 삶과 죽음은 빛과 그림자처럼 늘 공존하고 있다. 죽음을 피할 수 없지만 뒤로 미룰 수는 있기에 최선을 다해 노력해야 한다. 피할 수 있는 흉살(凶殺)은 없지만 그 흉(凶)을 반감할 수 있는 방법은 있기 때문이다. 누구에게나 피할 수 없는 죽음이지만 제 명(命)대로 사는 것은 매우 중요하다.

건강과 직결되는 십성(十星)을 '식신(食神)'과 '편관(偏官)'이라 한다.

흔히 '식신제살(食神制殺)'이라고 하는데 무서운 편관(偏官)으로부터 나(일간)를 보호해 주는 고마운 십성(十星)이 바로 **'식신'**이다. 만일 사주에 **'식신'**이 있다면 건강에 관한 한시름 놓아도 된다.

단 정관(正官)도 많으면 편관(偏官)작용을 하며 관성(官星)이 혼잡되어 강할 경우 대부분 관살(官殺)로 변화된다.

관성 이외에도 사주오행의 여러 요소들에 의해 건강은 나빠질 수도 좋아질 수도 있다.

다만 가장 상징적이고 보편적인 건강의 창과 방패는 식신과 편관이란 의미이다.

오행상으로는 목기(木氣)가 건강과 연관되어 있으며 목(木)이 건강하면 무병장수할 수 있다. 목(木)이 건강하려면 수(水)와 화(火)가 반드시 있어야 한다.

나무는 물과 햇살 없이는 살 수 없기 때문이다.

15. 흉운(凶運)의 해석

행운(行運)이 좋지 않다는 의미는 아무것도 하지 말라는 것이 아니라 흉운(凶運)에 맞게 적절한 것을 하라는 의미이다.

흔히 흉운(凶運)이 들어오면 아무것도 하지 말고 집에 있거나 기도하거나 공부하라는 말을 자꾸 듣는다. 이것도 이치에 맞지 않는다. 식물도 아닌 살아있는 사람이 현실적으로 아무것도 하지 않고 살 수 있을까? 특히 성인이라면 직장이나 사회적 활동이 있는데 그것을 어떻게 멈출 수 있겠는가.

그것은 흉운(凶運)을 잘못 이해한 것이다.

예를 들어 배우자궁에 인신(寅申)충이 들어왔다고 가정해 보자. 일지(日支)에 역마충이 들어왔으면 이혼, 사별, 교통사고, 낙상 등이 일어날 수도 있다. 그렇다면 충(沖)이 발생한 시기부터 배우자와의 이혼을 걱정하며 밖에 나가지도 말고 교통사고 걱정을 하면서 집에 함께 있어야겠는가?

만일 대운에서 흉운이 들어오면 10년, 세운에서 들어오면 1년, 월운에서 들어오면 1개월, 일운에서 들어오면 하루이고 시운에서 들어오면 2시간이다. 시운이나 일운이라면 모르겠지만, 대운에서 역마충이 들어왔다고 10년 동안 조심하라고 하는 것은 현실적이지 않다.

흉운(凶運)의 해석이 잘못된 것이다. 흉운은 환경이 변화되었으니 그 환경에 맞게 변화하라는 의미일 뿐이다. 즉 가을에서 겨울이 되면 가을옷을 벗고 겨울옷으로 갈아입으라는 의미이다. 그러나 겨울이란 계절 속에서도 따뜻한 날이 오면 다시 봄옷을 입을 수 있다. 흉운도 시기와 시점이 있다. 비유하자면 시기는 계절의 환경이고 시점은 계절 속의 그날이다. 아무

리 겨울이라고 해도 계속 날씨가 사나운 것이 아니며 따뜻한 봄날이라 해
도 계속 날씨가 좋은 것만은 아니다.

흉운(凶運)의 발현 시점은 시기와 시점이 맞물리는 때이다.

※ 흉운의 특성은 귀를 막고 눈을 감는 상황이 벌어진다. 즉 충고나 조
언을 모두 막고 자기 고집과 아집대로 일을 처리하려고 든다. 만일 이런
전조 증세가 나오면 곧 흉사(凶事)가 일어날 것을 알아야 한다.

항우가 홍문연회에서 범증의 조언에 따라 유방을 죽였다면 천하는 항우
가 가져갔을 것이다. 하지만 항우는 자신의 책사 범증의 조언을 수차례 뿌
리치고 오히려 내쫓는다. 항우는 이 시기에 눈과 귀를 모두 막았다.

역사를 보면 한 나라의 군주가 눈과 귀를 막았을 때 참담한 결과가 수
없이 벌어졌다는 것을 알 수 있다. 백제 의자왕이 성충의 조언을 뿌리쳐
나라를 잃었던 경우가 그 좋은 예이다.

이러한 현상은 흉운이 들어왔을 때 발생한다. 흉운의 전조 증상은 눈과
귀를 닫고, 가까운 사람의 조언이나 남의 의견을 무시하며 자기 고집대로
하려는 성향이 강해지는 것이다. 만일 이러한 성향이 보이는 때에는 바로
떠올려야 한다.

'나에게 지금 안 좋은 운(運)이 들어왔구나.'라고 인식하는 것이 매우 중
요하다.

대부분이 이런 운(運)에서 착각이 생기고 잘못된 판단을 하게 된다. 대통
령은 나라를 망치고 사장은 회사를 망치고 개인은 가정을 망친다. 잘 다
니던 직장을 그만두고 창업을 하거나 나쁜 배우자를 선택하거나 사기를
당하는 등 각종 사건 사고에 휘말릴 수 있다.

즉 나쁜 운(運)이란 나의 심리에서 시작되는 것이며 마음이 변하고 행동

이 변함으로써 발생하는 것이다. 마음에 변화가 올 때 운(運)이 바뀌고 있음을 눈치채야 한다.

16. 사주가 과학인 이유

"사주는 계절의 절기를 기준으로 한다."
절기(節氣)는 농사를 위해 만들어진 계절의 변화이고 천문의 변화를 연구하여 만든 자연과학의 산물이다.
고로 사주는 천문학, 절기(節氣)학을 근거로 하고 있다.
그리고 이것의 공통 분모는 음양오행이며 음양오행의 목적은 균형이다.

예를 들어 곡우(穀雨)를 보자.
곡우(穀雨)는 24절기 중 6번째 절기로 곡식을 위해 비가 내린다는 의미를 담고 있다. 즉 본격적인 농사 시즌으로 접어들어, 곡우(穀雨)날 비가 오면 풍년이 든다는 속담이 있다. 농업 국가 시대였던 조선까지만 해도 곡우(穀雨) 절기는 매우 중요한 국가적 관심사였다. 그래서 국가적으로도 기우제를 지내는 등 많은 노력을 기울였다. 강수량과 농업 생산량은 가장 밀접한 관계가 있기 때문이다.

사주의 기원은 농업과 밀접한 관련이 있다.
사주명리도 농업 생산성을 위해 천문(天文)을 관찰하고 연구하는 과정에서 만들어진 것이기 때문이다. 그런 의미에서 농업과 천문 그리고 사주는 그 근원이 모두 같다고 할 수 있다. '자연', '우주'라는 공통분모가 있다. 사주를 공부하는 많은 분들 중에서 이 근원조차 모르는 분들도 많이 있다. 그러나 이 근원을 알아야만 사주에 대한 정확한 이해가 가능하다.

사주는 천문에서 왔고, 천문은 농사를 위해 연구한 것이다.

이미 4,000년 전에 음양오양에 대한 깊은 연구가 시작되었고 그의 파생 상품인 사주명리도 1,000년의 역사를 지니고 있다. 수천 년간 이어온 학문이라는 점에서 사주명리는 수많은 검증을 거쳤고, 현재도 거치는 중이다. **만약 근거가 없는 학문이었다면 수천 년을 내려오지 못하고 사라졌을 것이다. 실제로 수많은 학문과 이론이 사라졌다.**

사주는 천문과 절기를 이용한 학문으로 검증된 과학이다. 일제에 의해 갑오경장을 거치면서 미신이란 오명을 쓰고 우리나라 무속신앙과 이상한 형태로 결합해 점술적 기능만 부각되어 학문적 지위를 잃었지만 최근 다시 대학에서 박사 논문의 주제로도 속속 나오고 학문으로서의 위치를 되찾아가는 중이다.

사주명리는 위대한 학문이다.

나 자신을 파악하고, 미래를 통찰하여 대비할 수 있는 유일무이한 가치를 지닌 학문이다.

이것을 미신이라고 한다면 달력(절기)을 부정하는 것이고 천문학 자체도 부정되어야 한다.

사주가 미신이 된 이유는 우리 스스로도 반성할 부분이 많다. 사주 감정할 실력도 없으면서 감정하여 틀리기 때문이다. 사주 감정이 틀리는 이유는 감정하는 사람의 잘못이지 사주명리의 탓이 아니다. 사주는 정확하다. 단지 그것을 잘못 해석하는 것이 문제란 점을 잊지 말자.

제5장

사주,

12운성을 디자인하다

사주에서 12운성(運星)은 약방의 감초 역할이다.

특히 성격적인 측면에서 대단히 유용한 정보를 제공하며 현대 사주명리학에서 그 비중이 점차 커지고 있다.

자신의 일지에 무슨 글자가 쓰여 있는지만 알면 누구나 스스로 자신의 성향을 파악하기 쉽게 되어 있다.

총 열두 글자밖에 없고 이해가 매우 쉽다.

12운성(運星)은 『적천수』의 유백온에 의해 신살(神殺)과 더불어 사장되었다가 부활한 사주의 대표적 파생 간명법이다. 절대적인 간명기법은 아니지만 그 활용도 면에서도 상당히 적중률이 높아 활용가치가 있다. '신살(神殺)과 12운성(運星)'이 현대 사주 명리에 와서 화려하게 부활하는 느낌이다. 중요한 것은 알고 활용하는 것과 모르고 배척하는 것은 전혀 다르다는 것이다. 12운성(運星)은 사주해석에서 향신료 같은 역할을 한다. 없어도 사주해석은 가능하지만 있으면 뭔가 새로운 감칠맛이 날 수 있다.

필자도 20년 전 사주명리를 처음 시작할 때 공부했던 책이 유백온의 『적천수』였다. 분명 좋은 이론도 다수 있긴 하지만 일부 맞지 않는 것도 시대에 따라 변한 이론도 분명히 존재한다. 그의 제자 임철초도 비슷한 오류를 범하였는데 그는 적천수의 임상서 『적천수천미』에서 좋은 사주의 기준을 벼슬이나 관직에 맞추었고 운(運)의 대입 과정에서도 시점을 간과하였다. 또한 신분제 사회였기 때문에 현대사회와 맞지 않는 부분도 다수 발견된다.

공직자보다 연예인이 더 영향력이 있는 세상이고 신분제도는 사라져 누구나 재능과 노력만 있으면 최상위로 올라갈 수 있는 식상(食傷)의 시대가 된 것이다. 과거가 관성(官星)의 시대였다면 현대는 식상(食傷)의 시대인 것이다.

12운성(運星)에서 가장 중점적으로 관찰해야 하는 자리는 일지(日支)이다.

흔히 배우자 자리라고도 하는데 일지(日支)에 있는 12운성(運星)의 종류에 따라 기질과 성향을 파악하고 십성과의 관계를 접목해 사회성을 보아야 한다.

12운성은 12개의 별을 의미하고 원래 음양오행론에 있었던 것이 아닌 서양 별자리 점성술에서 유래한 것이다.

따라서 현대 사주는 12운성으로만 사주해석을 해서는 안 되며 음양오행과 십성의 보조적인 역할에 충실해야 한다는 점을 분명히 하고 있다.

학문에서도 주객이 전도되는 형상이 있는데 12운성이 음양오행과 십성을 무시하고 독단적으로 사주해석을 하는 경우이다. 가장 함정에 빠지기 쉬운 해석법이다.

1. 12운성(運星)의 특징

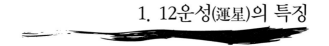

① 태(胎)
태(胎)는 한마디로 '순진, 순수'의 아이콘이다.

12운성(運星)은 사주에서 약방의 감초처럼 잘 사용하면 사주 해석하는 데에 많은 도움을 준다. 보통 12운성(運星)에서 시작이 태(胎)로 하는 경우가 많지만 필자는 개인적으로 절(絶)로 시작한다. 왜냐하면 절(絶)은 무(無)에서 유(有)를 만들어 내기 때문이다.

그러나 기존의 학습방식에 익숙한 분들께 혼란을 주지 않기 위해 여기서는 태(胎)로 시작하였다. 대부분 서적에서 태(胎)로 시작하기 때문에 혼란을 주지 않기 위해서이다.

태(胎)는 어머니 뱃속에서 씨앗이 만들어진 상태를 의미하고, 절(絶)과 비슷한 작용을 한다.

절태(絶胎)라고도 부르며, 이를 다른 말로는 포태(胞胎)라고도 한다. 절태와 포태는 같은 의미이다.

태(胎)는 태아의 성향처럼 순수하고 이기적이다. 태(胎) 하면 아무것도 모르는 아기의 모습을 떠올려 보자. 모성애를 일으키는 동시에 타인에 대한 배타성도 가지고 있고, 모든 사고를 자신 위주로 한다. 따라서 자신이 주도하는 사업과 리더보다는 조직 안에서 안락한 보호를 받는 것이 적성에 맞는다.

일지에 태(胎)가 있는 사람은 모두 6개의 간지로 구성되어 있는데, 오행상으로는 수화(水火)이고 지지는 관성과 재성으로 되어있다.

특히 일지에 태(胎)가 관성에 해당하는 경우는 직업이 불안정할 수 있으므로 어릴 때 진로 선택을 신중히 해야 한다. 잘못 선택하면 평생 직업 때문에 고생하고 경제적으로도 궁핍할 수 있다. 태(胎)가 재성인 경우에는 매우 이기적이고, 남성의 경우 배우자와 관계가 좋지 않을 수 있다.

② 양(養)

12운성 양(養)은 '키워지고 있는 상태'를 의미한다. 절(絶)에서 태(胎)가 생겨나고 그 태(胎)가 성장하는 상태를 양(養)이라 한다.

양(養)의 아이콘은 '상속성과 헤어짐'이다.

부모로부터 재능, 기질, 재산까지 모두 물려받는 시기인 것이다. 그래서 일지에 양(養)이 있으면 부모로부터 재산이든 재능이든 유산을 물려받는다. 즉 부모 복이 있는 편이다.

또 양(養)은 태아에서 아기로 모태가 분리되는 시기이며 이별을 내포하기도 한다.

그러나 현대 와서 양(養)의 헤어짐에 의미는 고전에서처럼 입양이나 부모가 일찍 죽는 등이 아니라 공부를 위한 유학이 주류를 이루고 있어 해석 방법도 고전과는 달라져야 한다.

양(養)의 직업군으로는 육영 교육, 보건, 복지 등이 적합하다. 성격적인 측면에서 다소 침잠되어 있고 속을 알 수 없는 토(土)의 영역과 비슷하지만 기본적인 성향은 따뜻하다.

③ 목욕(沐浴)

목욕(沐浴)은 태어난 아이가 씻는다는 의미가 있다.

씻는다는 것은 내가 주체가 아닌 네가 주체가 되는 특징이 있다. 우리가 매일 씻는 이유를 상상해 보자. 무인도에서 혼자 살고 있다면 매일 씻거나 꾸미거나 하지 않을 것이다. 즉 씻는다는 의미는 타인을 의식하는 행위로 십성 중에서는 상관(傷官)의 기운, 신살(神殺)로는 도화(桃花)의 기운과 비슷한 경향을 보인다.

기본적으로는 통이 크고 동정심이 많으며 감성이 발달하여 예술적인 기질도 강하다.

목욕(沐浴)은 '변덕과 호기심'의 아이콘이라 할 수 있다.

일지에 목욕(沐浴)이 있는 사람은 매일 씻는 것처럼 반복성이 강하고 남을 의식한다.

따라서 내가 타인을 배려하듯이 남에게 대접받고 싶어 하는 성향도 강한데 이것이 잘 안 될 경우에는 심술과 변덕이 발현되기도 한다. 또한 왕성한 호기심과 도전정신이 있어 새로운 것에 흥미를 가지며 재미가 없어지면 관심도 급격히 사라져 한 가지 일에 깊이 몰두하지 못하는 단점도 있다. 그래서 목욕(沐浴)은 아이같이 싫증과 변덕이 잦아 가족이나 주변 사람을 피곤하게 할 때가 많다. 감정 변화도 수시로 일어나고 잘해줄 때와 변덕을 부릴 때가 극단으로 나뉘기 때문에 어디에다 초점을 맞출지 가늠하기가 쉽지 않다. 물론 본인도 자신의 감정 기복을 컨트롤하기 어렵다.

따라서 일지에 목욕(沐浴)이 있는데 관성이 없다면 스스로 자신의 감정을 통제하는 습관을 어릴 때부터 연습해야 한다.

④ 장생(長生)

12운성 중 장생(長生)은 태아가 세상 밖으로 나와 성장하는 상태를 의미한다. 부모는 물론 많은 사람들의 축복을 받으며 세상에 첫발을 내딛는 감동적인 순간이다. 성격적인 측면으로도 일지에 장생이 있으면 온화하고 다정다감하다.

또한 역마와 도화의 기질도 있어서 새로운 일에 도전하거나 시작하는 등 목(木)의 기운이 강하다.

장생(長生)의 아이콘은 '친절한 성격, 순수함'이다.

특히 여성 일지가 장생(長生)이면 현모양처의 기질이 있다. 친절은 기본이고, 여성적 매력까지 있어 12운성의 목욕과 더불어 도화, 상관의 기운이 가장 강하다.

그러나 장생의 단점은 세상 물정을 잘 모르는데도 불구하고 새로운 일에 겁 없이 도전한다는 것이다. 당연히 실패가 많다. 그래서 일지가 장생인 사람은 시작할 때와 마무리까지 염두에 두고 일을 계획해야 한다.

⑤ 관대(冠帶)

관대(冠帶)는 '건방과 무모함'의 아이콘이다.
12운성 상 관대(冠帶)는 관복을 입고 사회로 진출하는 것을 의미한다.
아직 어린 나이에 관복을 입었기 때문에 건방지고 자만심이 강할 수 있다.

또 옷을 입는다는 의미는 두 가지로 나눌 수 있는데 산 사람이 입었을 때와 죽은 사람이 입었을 때로 구분해야 한다.
산 사람이 입으면 입신양명 출세가 되지만 죽은 사람이 입으면 염습 후 입는 수의가 되는 것이다.
예를 들면 사주구성이 좋은 상태에서 길운(吉運)으로 관대가 들어왔을 때는 합격 출세 등의 형태로 나타나지만 반대로 흉운(凶運)으로 관대가 들어왔다면 여성의 경우는 관성입묘하거나 남성의 경우는 재성이 입묘하게 된다.

이 의미는 배우자와 이혼, 사별 등이 발생될 수 있다는 것이다. 관대(冠帶)는 시기적으로 본다면 15~20세 전까지의 청소년기에 해당한다. 세상 물정은 잘 모르지만 활동력은 왕성하여 일을 잘 벌이지만 수습이 잘 안 되고 실수가 잦은 시기이다.
그러나 고집과 추진력은 강하여 잘 활용하면 크게 성공할 수 있는 밑바탕을 만들어 내기도 한다.

특히 여성의 경우 일지에 관대가 있으면 직업을 갖고 외부 활동을 하는 것이 좋으며 '끼'가 있어 예능이나 예술에도 재능이 있다.

⑥ 건록(建錄)

건록(建錄)이 있으면 인생 최고의 전성기가 온 것을 의미한다.

나이로 비유하면 30~40대 정도일 것이다. 내가 주체가 되어 이끌고 나가려는 힘이 대단히 강한 시기이다.

자수성가형으로 누구의 말도 안 듣는 고집, 아집이 강한 단점이 있지만 지도력과 동정심이 강해 아군이라고 인식되면 매우 잘해준다.

상관에 건록(建錄)이 놓이면 감정기복이 심하고 바른 말을 잘해 상사와 잘 싸우게 된다.

또 재성에 건록(建錄)이 있다면 남성의 경우 미인 아내를 맞이하고 아버지한테 상속도 잘 받는 편이다. 즉 아내 복과 아버지 복이 있다는 의미이다. 관성에 건록(建錄)이 있다면 조직 속에서 승승장구한다.

건록(建錄)을 한 마디로 표현하면 '주체성과 에너지'의 아이콘이다.

그리고 건록(建錄)은 월급이란 의미도 있다.

남성의 경우, 좋은 직장에 다닌다는 의미가 있지만, 여성의 경우는 배우자 배타성이 있어 일지에 건록(建錄)이 있으면 우선 배우자 관계를 의심해봐야 한다.

그만큼 건록(建錄)이란 자기 기운이 강함을 의미한다. 따라서 단점은 고집과 아집이다.

남의 충고나 말을 잘 듣지 않는다. 부드러움은 강함을 능히 이길 수 있다는 격언은 건록(建祿)이 가져야 할 충언이다.

  직업적으로는 내가 주체가 되는 사업이나 장사가 잘 맞는다.

  남의 밑에서 일하는 것이 쉽지 않은 사주이다. 간여지동 일주와 비슷한 성향을 보인다.

⑦ 제왕(帝旺)

제왕(帝旺)은 '절정'의 아이콘이다.

제왕은 가장 왕성한 시기이면서 또한 쇠약의 시작점이기도 하다.

  제왕(帝旺)은 인생의 절정에 서서 더 이상 오를 곳이 없는 정상의 의미와 이제 내려갈 일밖에 없는 하산의 의미를 동시에 가지고 있다.

  우선 제왕(帝旺) 하면 가장 먼저 떠올려야 하는 것이 배우자와의 불화이다. 제왕(帝旺)은 간여지동의 기운으로 자기 고집이 대단히 강하며 타인의 지배를 절대적으로 거부한다. 여성의 경우 당연히 남편과의 관계가 좋지 않은 경우가 많고 남성의 경우도 매우 권위적이고 고집스러워서 아내와 심한 갈등이 생기기 쉽다.

  관건은 이 강력한 에너지가 어디로 향하는 것인가이다. 만일 강한 기운이 사업의 영역에서 잘 발휘된다면 엄청난 성공을 가져올 수 있기 때문이다. 그래서 일지에 제왕(帝旺)이 있는 사람은 조후적인 측면에서 사주 구성이 잘 되어 있는지 살펴봐야 한다. 사주 구성이 균형되고 대운이 길운(吉運)으로 흘러주면 반드시 대단한 성공을 거둘 수 있는 사람이 된다.

  제왕(帝旺)을 한 마디로 표현한다면 '응축된 에너지'이다.

잘 폭발하면 어머 어마한 기운으로 큰 성공을 거둘 수 있지만, 반대로 기운이 잘못 발휘되면 본인뿐만이 아니라 가족들을 포함한 주변 사람들 모두를 초토화하는 불행한 상황을 만들 수도 있다.

제왕은 양기(陽氣)의 극단인 상태로 달도 차면 기울듯이 음기(陰氣)로 서서히 변하는 모습을 하고 있다.

⑧ 쇠(衰)

쇠(衰)는 '친절'의 아이콘이다.
여성이 일지에 쇠가 있으면 친절하고 늘 공손하다.

12운성 쇠(衰)는 인생의 전성기를 모두 보낸 뒤 평화롭게 안식을 하는 시기를 의미한다.

속담에 "부자는 망해도 3년은 간다."라는 말이 있다. 이 말의 의미는 평온과 여유가 있다는 것이다.

그래서 일지에 쇠(衰)가 있는 사람은 성격이 매우 좋고, 모성애가 강한 특성이 있다.

직업적으로도 활인(活人)업에 종사하는 것이 좋다. 기본적으로 친절과 여유 온화함이 있어 주변 사람들을 편하게 해주기 때문이다.

예를 들어 직업적인 측면으로 보면 일지에 쇠(衰)가 있는 간호사는 환자 입장에서 모성애가 발동하기 때문에 같은 주사를 놔도 아프지가 않다. 또 교육업에 종사할 경우, 인자하고 자상한 선생님이 되어 아이들에게 좋은 교육 환경을 만들어 준다.

그래서 일지에 쇠(衰)을 한마디로 정의한다면 '여유와 친절'이다.

십성의 형태로는 관인상생과 비슷하다. 현모양처의 성향을 담고 있어 남성에게 매우 환영받는 아내의 모습이다. 단, 단점은 이제 음(陰)의 기운으로 빠져드는 시기이므로 석양의 해가 저무는 것을 의미한다.

⑨ 병(病)

병(病)은 '역마'의 아이콘이다.
활달하고 분주하며 늘 무언가 하고 있다.
대인관계도 좋고 실제 인심도 후한 편이다.

오늘을 가장 기다렸던 사람은 어제 죽은 사람이다. 어제 죽은 사람에게는 오늘이 없는 날이기에 절실한 것이다. 우리는 늘 그렇게 소중한 날들을 살아가고 있다. 오늘이 생(生)의 마지막 날이라고 생각해 본다면 지금 이 순간이 얼마나 귀한 시간인지 깨닫게 될 것이다. 몸이 아픈 사람이 건강했던 때를 그리워하듯이 말이다. 그래서 병(病)이 있는 사람은 마치 오늘이 최후의 날인 것처럼 늘 바쁘고 분주하게 사람들 사이를 오가며 살아간다.

12운성 중 일지(日支)에 병(病)이 있는 사람은 이렇게 지난 것에 대한 그리움과 소중함을 잘 알고 있다. 그래서 사람들 사이에서 교통 정리를 하고, 사람들을 모으고 소통하는 일에 재능이 있다.

학창시절 반장이 아닌 부반장, 환경미화부장이고 사회에 나와서는 총무 은퇴해서는 노인회장 등 이들은 시간의 소중함을 알고 사람들 사이에서 자신의 존재감을 인식한다.

나이로 보면 60~70대 이후로 인생이 허무해지는 시기쯤이다.

⑩ 사(死)

사(死)는 '생각'의 아이콘이다

인간은 모두 죽는다. 사전적 의미의 사(死)는 죽음을 의미한다.

태어나고 만들어진 것은 반드시 사라진다. 그러나 이것은 끝이 아닌 순환의 한 과정이다.

그러나 사주의 12운성(運星)에서 사(死)는 침잠의 시기, 생각의 영역, 지혜의 세계를 의미한다.

그래서 사(死)에 해당하는 운(運)이 들어왔을 때는 확장, 이동, 도전, 창업보다 정리, 수성, 현상유지를 해야 한다.

성격적인 측면에서는 일지(日支)를 기준으로 사(死)를 낳은 사람은 차분하고 친절하고 온화하다. 여성의 일지에 사(死)가 있으면 팜므파탈적 성향이 있기도 하는데 이것은 여성적인 온화함과 신비주의가 만들어 낸 형상이다.

관인(官印) 상생과 비슷한 효과인데 다른 점이 있다면 보다 음(陰)적이고 성적 매력이 있다는 점이다.

12운성의 사(死)는 진짜 죽음이 아닌 죽기 전에 지난 세월을 돌아보는 노인의 모습이라고 할 수 있다. 그래서 사색적, 종교적 철학적인 성향이 강하다. 지난 자신의 모습을 돌아보고 회한과 추억을 정리하며 무덤 속으로 들어가는 모습이다.

⑪ 묘(墓)

묘(墓)는 '저장과 정적'의 아이콘이다.

묘(墓)는 사전적 의미에서 무덤을 의미한다. 죽어서 들어가는 땅 속의 안식처이다. 죽은 자는 말하지도 움직이지 못한다. 그래서 일지에 묘(墓)가 있는 사람은 행동력은 약하고 생각은 많다. 십성(十星)의 영역으로 보면 인성(印星)과 비슷한 작용을 한다.

현실적인 면에서도 생각이 많다는 것은 움직임의 약화로 이어지고 움직임이 약해지면 건강에 문제가 생겨 병(病)에 쉽게 노출된다. 그래서 일지에 묘(墓)가 있는 분들은 늘 건강 관리에 신경 쓰고 많이 움직이는 습관을 어릴 때부터 들여야 한다.

묘(墓)의 다른 기능은 창고 보관의 기능이다. 김치를 땅에 묻어두면 오래 보관해 둘 수 있고 보물을 땅에 보관하면 잘 숨겨 둘 수 있다.
즉 묘(墓)는 보관 유지의 성격을 가지고 있어 재물을 모으고 보관하는데 소질이 있다.

다소 재물에 대해 인색하고 구두쇠이지만 자식한테 고생을 되물려 주지 않는다는 확고한 신념을 가지고 있다. 단 여성의 경우는 알뜰함으로 보이지만 남성에게는 인색함으로 보일 수 있다.

그러나 육친적으로는 대부분 좋지 않다. 특히 배우자와 관계가 좋지 못하다. 일지가 묘(墓)에 있다면 이혼 사별 등이 많고 특히 묘(墓)가 식상에 해당한다면 여성의 경우, 자식과 인연이 좋지 못한 경우가 많다. 말도 다소 거칠고, 잔소리가 심한 편이다.

일지에 묘(墓)가 있는 사람은 남녀 공히 내가 주체가 되는 사업이나 장사보다는 조직 안에서 월급 생활이 낫다. 즉 Owner보다는 CEO에 더 적합하다.

⑫ 절(絕)

"하늘이 무너져도 솟아날 구멍이 있다."

일지에 절(絕)이 있는 사람에게 해당하는 속담으로 절처봉생(絕處逢生)을 의미한다. '절처봉생'은 단절을 통하여 새로운 생(生)을 얻는 것을 의미한다.

즉 절(絕)은 '반전'의 아이콘이다.

목(木) 일간의 경우 절(絕)은 갑신(甲申), 을유(乙酉)일주이다. 갑신(甲申)일주는 바위 위에 소나무로 보기에는 근사하지만, 뿌리를 못 내려 고독하고 쓸쓸하다. 그래서 누가 다정하게 다가오면 쉽게 넘어가는 단점이 있다.

을유(乙酉)일주는 갑신(甲申)과는 조금 다른데 사기당하거나 유혹에 약한건 같지만 강력한 생존 본능에 있어서는 다르다.

갑신(甲申)은 소나무처럼 꺾이지 않고, 버티다가 부러지지만 을유(乙酉)일주는 잡초 같은 질긴 생명력으로 절대 죽지 않는다.

즉 을유(乙酉)는 동토(冬土)를 뚫고 나온 바위 위에 초목으로 폼생폼사의 거목 갑신(甲申)일주보다 생존력 부분에서는 탁월한 재능이 있다는 것이다. 태초의 생명의 기원도 무(無)에서 시작되었다.

절(絕)은 모든 것이 끊어진 상태이며 형태조차 없는 무(無)의 상태이다.

우선 일지에 절(絕)을 깔고 있는 사람은 직장이 불안정하고 직업변동이 잦다. 또한 기본 성품이 순수 순진하여 사업이나 장사에 뛰어들 경우 십중팔구는 사기당하고 실패를 맛보게 된다.

여성의 경우는 남자 복이 없고 남자에게 이용당하거나 결혼에 실패할 경우가 높다. 그래서 일지가 절(絕)에 해당하는 사람은 첫 직장을 절대 그만두지 말아야 한다.

한 우물을 파야 한다는 의미이다.

그래서 자격증이나 공직 등에 종사하면 무난히 살아갈 수 있다. 활인법이 좋다. 한마디로 월급쟁이나 전문직에 종사해야지 사업이나 장사는 절대 금물이란 의미이다.

그러나 절(絶)에는 놀라운 반전이 숨겨져 있다.

'식스센스'를 능가하는 반전, 그것은 '천우신조'의 운(運)이 감춰져 있다는 것이다. 절(絶)은 예기치 못한 곳에서 반전이 일어난다.

특히 50세가 넘어 모든 것을 포기하려고 할 때 대박이 터진다.

실제로 일지가 절(絶)인 남자가 매 사업에서 사기당하고 실패하다가 우연히 만난 귀인의 도움으로 갑자기 돈방석에 앉는 경우가 종종 일어난다.

그러므로 인생은 끝날 때까지 끝난 것이 아니다.

행운의 여신은 포기하지 않고 끝까지 남는 사람에게 큰 행운을 준다. 이것이 일지에 절(絶)이 있는 사람에게 내려준 신의 축복이 아닌가 싶다.

일지에 절(絶)이 있는 사람은 아이처럼 순수하고 착하다.

남의 말에 잘 속고, 남의 부탁을 잘 거절하지 못하지만 남을 속이거나 남에게 고통을 주지 않는다. 그래서 내려진 복이 아닐까?

※ 12운성은 일지(日支)을 기준으로 하며 운(運)도 일지만 적용된다.

⊙십이운성(12運星)표

구분	甲갑	乙을	丙병	丁정	戊무	己기	庚경	辛신	壬임	癸계
長生 장생	亥해	午오	寅인	酉유	寅인	酉유	巳사	子자	申신	卯묘
沐浴 목욕	子자	巳사	卯묘	申신	卯묘	申신	午오	亥해	酉유	寅인
冠帶 관대	丑축	辰진	辰진	未미	辰진	未미	未미	戌술	戌술	丑축
建祿 건록	寅인	卯묘	巳사	午오	巳사	午오	申신	酉유	亥해	子자
帝旺 제왕	卯묘	寅인	午오	巳사	午오	巳사	酉유	申신	子자	亥해
衰 쇠	辰진	丑축	未미	辰진	未미	辰진	戌술	未미	丑축	戌술
病 병	巳사	子자	申신	卯묘	申신	卯묘	亥해	午오	寅인	酉유
死 사	午오	亥해	酉유	寅인	酉유	寅인	子자	巳사	卯묘	申신
墓 묘	未미	戌술	戌술	丑축	戌술	丑축	丑축	辰진	辰진	未미
絶 절	申신	酉유	亥해	子자	亥해	子자	寅인	卯묘	巳사	午오
胎 태	酉유	申신	子자	亥해	子자	亥해	卯묘	寅인	午오	巳사
養 양	戌술	未미	丑축	戌술	丑축	戌술	辰진	丑축	未미	辰진

제6장

사주,
궁합을 디자인하다

1. 궁합(宮合)의 의미

'사랑은 자유로운 새 (L'amour est un oiseau rebelle)'
"내가 당신을 사랑한다면 그때 당신은 날 조심하세요(Si je t'aime, prends garde a toi)."

-카르멘 하바네라(Habanera) 중

'추락하는 것은 날개가 있다'는 이문열의 소설을 영화한 작품으로 오스트리아 출신 극작가 잉게보르크 바하만의 시(詩)를 패러디했다.

또 이 작품은 비제의 오페라 '카르멘'을 패러디한 것처럼 줄거리 전개 방식이나 극의 주제가 매우 흡사하다.

소설의 여주인공 서윤주는 팜므파탈의 매력을 지닌 카르멘 같은 여자이다. 남자 주인공인 서울법대 수재 이형빈은 순수한 영혼을 지녔지만 순수한 만큼 절망하기도 쉬운 '호세' 같은 남자이다. 이 둘은 처음 본 순간 사랑을 직감한다.

> 오페라 '카르멘'에서 '하바네라(Habanera)'를 부르면서 호세에게 추파를 던지는 장면이 나온다. "사랑은 자유로운 새(L'amour est un oiseau rebelle)."

형빈의 총에 맞아 죽어가면서 "사랑해."라고 속삭이는 윤주와 윤주를 찾아 이태원 술집을 헤메이는 형빈은 제각기 다른 형태의 사랑을 잘 보여준다. 형빈에게 독한 말을 쏟아내고 그의 총에 맞아 죽어가면서 윤주는 형빈에게 사랑한다고 속삭인다.

날개 달린 것들은 하늘을 날지만, 이 날개가 구실을 못하면 추락할 수밖에 없다. 그리고 다시 비상한다면 그것은 죽음을 의미한다. 이들에게 죽음은 구원의 메시지를 담고 있다.

이들이 처음 본 순간 사랑에 빠졌던 이유는 무엇 때문이었을까?

운명적인 만남? 혹은 만나야 할 사람을 드디어 만났다?

그것은 아마도 합(合)의 작용으로 봐야 할 것이다.
일종의 화학 반응이며 무의식의 발현이다.

실제 서윤주의 특성을 지닌 팜므파탈(Femme fatale)의 여자는 생각보다 많이 있다.

(팜므파탈(Femme fatale)의 기운은 인성(印星)에서 나온다)

그렇다면 서윤주 같은 여인을 만나면 모든 남자가 불행해지거나 헤어지는 것일까?

이 질문의 대답은 의외로 간단하다.

"그때 그때 달라요~."이다.

상대의 사주는 물론 운(運)의 시기나 시점에 따라서도 다 달라질 수 있다는 의미이다. 궁합은 개인 사주를 기초로 해서 상호 오행의 균형과 합충형파(合沖刑破)를 보는 방식이다.

서윤주는 표현과 발산의 기운이 강한 여자이다. 사랑보다 자신의 직업, 일의 선택이 우선되고 사랑받기보다는 자신이 능동적으로 사랑하려는 기질이 강한 여자이다.

지나치게 강한 사주가 나쁜 것은 스스로 통제할 수 없는 기운으로 인해 상대까지 해(害)칠 수 있기 때문이다. 이것은 자신의 의지와는 관계없이 작용하는 기운이다.

그래서 본인은 배우자와 잘살고 싶은데 싸우게 되고 이혼, 심지어 사별까지 하게 되는 것이다.

이러한 이유로 궁합에서도 업상대체가 중요하다는 것인데 검사, 경찰, 의사, 선생, 종교, 연예인 등 활인(活人) 업종에 종사하면 강한 기운이 설기(洩氣)되어서 매우 좋다.

그래서 강한 사주가 활인(活人)업에 종사하면 크게 성공하는 경우가 많았던 것이다. 지금의 연예인이 옛날에는 광대 또는 기생직업군에 속했다. 남을 돕고 사람을 살리는 일에 어째서 광대나 기생이 들어가는지 의문점이 생길 수도 있지만, 이들도 대중에게 기쁨을 주고 정신적 심리적 위안을 주는 업종이라고 볼 수 있기 때문이다.

감미로운 노래 한 곡이 마음을 감동시켜 '살인'을 멈추게 한 실제 사례도 있다.

예술이 종교만큼이나 위대한 것도 이러한 활인(活人)의 기운 때문이다. 그러나 과거의 기생과 현대의 접대부와는 성격이 많이 다르기 때문에 이들을 활인(活人)업종에 포함하는 것에는 무리가 있다.

업상대체가 되면 개인사주가 나쁘고 궁합이 잘 맞지 않아도 혼인하여 잘살 수 있다.

2. 궁합(宮合)의 작용

사주의 구조는 궁(宮)과 성(星)으로 구성되어 있다. 따라서 남녀의 관계를 정확히 보기 위해서는 궁합(宮合)이 아닌 궁성합(宮星合)을 봐야 한다. 궁(宮)은 위치 자리이고, 성(星)은 기질 특성이라고 할 수 있다. 자리와 위치만 가지고 두 사람의 정확한 길흉(吉凶)을 알 수 없다. 그 사람이 가지고 있는 특성을 알아야 보다 정확한 해석이 가능한 것이다.

예를 들어 남자가 식상이 강한데 여성도 식상이 강하다고 가정해 보자.

이들의 궁(宮)이 서로 상생 관계라 할지라도 이들 궁합은 별로 좋지 않을 것이다.

왜냐하면 서로 식상이 많다는 것은 자기주장만 한다는 의미가 있기 때문이다.

궁합은 보완 관계가 이루어져야 좋은 것이다.

그런 의미에서 관용구처럼 쓰이는 궁합(宮合)은 잘못된 명칭이다.

궁성합(宮星合)이라고 하는 것이 적절한 표현일 것이다.

그러나 관용구처럼 쓰이는 것 또한 부인하기 어렵다.

중요한 것은 궁합을 감정할 때 위치뿐 아니라 서로의 특성까지 면밀히 따져야 한다는 것이다.

궁합(宮合)을 한마디로 정의한다면 '사람과 사람 사이의 작용'이라고 할 수 있다.

이 작용은 자연의 원리와 같아서 선악의 기준이 없이 현상과 순환의 구조로만 되어 있다. 말하자면, 남녀가 서로 사이가 좋은 것과 길흉(吉凶) 작용은 전혀 관계가 없다.

서로 좋아하는 감정이 생기는 것은 궁합(宮合)이 좋아서가 아니라 서로

합(合)이 있기 때문일 가능성이 더 높다.

즉 첫눈에 반하거나 합(合)이 있다고 좋은 궁합(宮合)은 아니다.

궁합(宮合)은 상대에 관한 정보는 물론이고 나 자신에 관한 정보, 그리고 둘 사이의 길흉(吉凶) 관계까지 비교적 소상히 알려준다.

궁합(宮合)의 효용성은 바로 이러한 점이다.

나와 상대의 정보를 알고 미리 대비할 수 있게 도와주는 역할을 하는 것이다.

그러나 현실적으로 사주로 좋은 배우자 찾기는 어려운 편이다. 자신과 맞는 궁합 자체도 적고 사주가 좋은 사람도 귀하기 때문이다.

즉 십중팔구는 나와 궁합이 안 맞는다. 그럼에도 불구하고 내 짝을 찾는 일은 결코 포기할 수 없는 일이다.

그래서 찾아낸 비법이 일주(日柱)로만 궁합 보기이다.

일주(日柱)는 내가 태어난 날이다. 내 생일만 알면 궁합이 맞는지 안 맞는지 1분 안에 알 수 있는 방법이다. 요즘은 인터넷에서 만세력을 무료로 볼 수 있다.

만세력에 자신의 생일을 입력하면 마술처럼 '일주(日柱)', 내가 태어난 날이 간지(干支)로 나온다. 이때 월지(月支)까지 보면 더 정확한 결과가 나온다.

그것을 서로 비교해서 궁합을 보는 것이다. 보는 법은 비교적 간결하고 쉽다.

궁합(宮合)은 자연과 자연이 상호작용하는 것과 흡사하다. 그 범위는 혼인부터 가족에서 친구, 사업 파트너까지 무형(無形)의 상호작용이 계속 일어나고 있다.

여기서 파생된 무형의 상호작용은 자연의 원리와 같아서 선악의 기준이 없이 현상과 순환의 구조로만 되어있다. 운세에서 나타나는 길흉(吉凶)작용과는 전혀 관계가 없다는 의미이다. 다시 말하자면 어떤 남녀 간의 사이가 현재는 달콤한 사이일 수 있지만 그러다가도 일정한 시기나 시점이 오면 흉(凶)한 기운이 작동할 수 있다. 때문에 궁합(宮合)은 단순히 궁합으로 끝나는 것이 아니라 한 시점의 사건 사고와도 밀접한 관련이 있을 수 있다는 것이다.

※ 혼인 궁합에서 배우자 선택 기준

결혼은 해도 후회하고 안 해도 후회가 남는 마법의 상자이다.
이 세상에 완벽한 결혼은 없다.
단지 더 행복해지기 위해 함께 부족한 부분을 채우면서 맞춰나가는 것이다. 더 나은 가정, 더 즐거운 가정은 그냥 저절로 만들어지는 것이 아니다. 호수에 떠 있는 백조가 물속에서는 쉼 없이 발을 움직이듯이 행복한 가정의 유지도 엄청난 노력과 정성을 쏟아야 유지될 수 있는 것이다.

상대를 위해 때로는 자신의 것도 버릴 줄도 알아야 하고 자기주장이 맞더라도 양보해줘야 할 때도 있다. 이런 준비가 되지 않은 사람은 결혼할 때가 되지 않은 것이다.

그럼 이제부터 배우자 고르는 비법을 소개하겠다.

※ 아래 표에 나와 있는 배우자의 선택기준을 잘 활용하면 최악의 선택에서 최선의 선택을 할 수 있는 기적이 생길 수도 있다.

● 십성별 연애 특징

피해야 할 배우자	여자 선택 기준 (남편 고르기)	남자 선택 기준 (아내 고르기)
비견 겁재가 많은 남자 비견 겁재가 많은 여자	최악 1순위다. 경제력이 없고, 쓸데없는 자존심만 강하다. 결혼은 현실이다. 아내는 가장이 될 각오로 결혼하라. 무능한 남편의 요구는 지속된다.	애교나 무드, 눈치는 없다. 맞벌이도 내조도 기대하지 말라. 그냥 아이들 잘 양육하는 데만 집중할 수 있게 한다면 혼인 생활이 가능하다. 단 자존심을 건드리지 말 것
비견 겁재가 없는 남자 비견 겁재가 없는 여자	자존심, 줏대가 없다. 결혼 생활은 가능하다.	자존심, 줏대가 없다. 결혼 생활은 가능하다.
식신 상관이 없는 남자 식신 상관이 없는 여자	최악의 0순위이다. 침묵은 금이 아니라 권태로 온다. 결혼 3년이 지나면 둘 사이의 하루 평균 대화 시간이 10분 이내가 될지도 모른다. 여자는 많이 웃게 해주는 남자를 택해야 인생이 즐겁다.	표현력 제로인 게으른 여자이다. 그러나 여자는 침묵이 잔소리보다 좋을 때도 있으니, 무난히 혼인 생활을 할 수도 있다. 그러나 어느 순간 심심해질 수 있고, 아내의 건강이 나빠질 수 있다.
식신 상관이 많은 남자 식신 상관이 많은 여자	수다스럽고 온갖 남의 일에 참견한다. 실속이 없고 바람기가 있으며 변덕이 심하다. 예능, 연예계 관련 직업이 좋다. 결혼 생활은 가능하나 이성 문제로 늘 마음이 불안하다.	자식에 대한 애정이 남다르며 남편과 사이가 매우 안 좋다. 특히 정관이 있으면 상관견관 되어 자식이 생긴 후에 거의 사이가 벌어지거나 이혼하는 사주이다. 결혼 생활이 어렵다.
편재 정재가 없는 남자 편재 정재가 없는 여자	알콩달콩한 재미는 기대하지 말라. 돈에 대한 개념도 없으니 재물 관리는 당연히 아내가 해야 한다. 그냥 열심히 회사만 다니거나 공부만 열심히 하는 남자이다. 공직 진출이 좋다.	재성이 없는 여자는 목석 같은 여자이다. 눈치도 애교도 없다. 애완동물로 보면 파충류이다. 아무리 오랜 시간 밥을 줘도 반응이 없다. 그런데 식상이 많으면 잔소리는 금메달이다.
편재 정재가 많은 남자 편재 정재가 많은 여자	남자는 욕심이 많고 여자 관계가 복잡하며 경제적으로 궁핍할 수 있다. 되도록 피해야 하는 남자이다. 결혼 생활이 어렵다.	여자는 애교와 눈치가 빠르다. 한마디로 여우랑 사는 기분이 든다. 결혼 생활이 알콩달콩하다.

편관 정관이 없는 남자 편관 정관이 없는 여자	한마디로 천방지축의 아이콘이다. 관성은 자신을 통제하는 기능이다. 이것이 없다는 것은 브레이크 없는 자동차와 같다는 의미이다. 성추행 사건 당사자들의 공통점이 관성이 없거나 무력해진 경우이다. 욕망을 못 참는 무관성 남자는 언젠가는 반드시 사건 사고에 휘말리게 되어있다.	여성에게 관성은 남자, 직업에 해당하고, 심리적으로 남성과 똑같이 통제 제어 기능을 한다. 여성에게 관성이 없을 경우 남자 복이 없고, 남자 보는 눈도 없다. 반드시 조건을 보고 늦게 결혼하는 것이 좋다(중매 결혼 권장). 참을성. 인내심을 기르고 한 가지 일에 집중할 수 있도록 노력해야 한다.
편관 정관이 많은 남자 편관 정관이 많은 여자	건강이 가장 문제이다. 최우선적으로 사주에 식상이 있는지 살펴보고 만약 없다면 결혼해서는 안 된다. 이 경우는 이별이 아니라 사별할 가능성이 높다. 또한 직업도 매우 불안정하여 경제적으로도 궁핍하다.	여성의 경우도 건강이 최우선이며 남자 관계가 복잡할 수 있고 직업이 불안정할 수 있다. 남자 복이 없다. 결혼 생활이 어렵다. 남자가 많은 직장에서 일하면 어느 정도 흉이 완화된다.
편인 정인이 없는 남자 편인 정인이 없는 여자	남자가 인성이 없으면 의지력이 약하고 끈기가 없다. 남의 말을 잘 들어주지 못하는 편이고 정작 자신은 늘 불평, 불만투성이다. 결혼 생활을 못 할 정도로 큰 불편은 없다. 다만 애정 결핍증이 있을 수 있다.	여성은 모성애가 있어야 하는데 인성이 없으면 모성애는 기대하기 어렵다. 즉 남편의 마음을 헤아려 주거나 위로받는 것은 기대하지 않는 것이 좋다. 또한 받아들이는 성분의 결핍으로 외골수적인 면이 나타나기도 한다.
편인 정인이 많은 남자 편인 정인이 많은 여자	남자는 한마디로 마마보이이다. 기본적으로 의지박약으로 누군가에게 의지하려 든다. 결혼 생활이 어렵다.	여자는 다 받아주기 때문에 성적 매력이 있고 현모양처 기질이 있어 남자는 편할 수 있다. 결혼 생활이 가능하다.

사람의 마음도 자연의 이치처럼 음양오행으로 구성되어 있다. 특히 연애 심리에서도 음양오행에 따라 감정 기복이 나타나게 되는데 그 특성을 미리 알고 대처한다면 '행복한 연애'가 될 것이다. 따라서 사주에 어떤 오행이 있는가에 따라 그 사람의 기질, 성격, 언행 등의 특성을 파악할 수 있고 자기 자신도 객관적으로 볼 수 있는 안목이 생기게 되는 것이다. 가령 남자친구 사주에 목(木)이 우글거린다면 이 남자친구는 순수하고 호기심에 가득 찬 어린아이 같을 것이다. 이때 많다는 것은 사주원국에 3개 이상이 있는 것을 의미한다. 또 여자친구 사주에 화(火)가 많다면 이 여자친구는

활발한 성격에 꾸미는 것을 좋아하지만 급하고 감정기복이 심한 단점이 있을 수도 있을 것이다. 토(土)가 많은 남자친구의 경우는 의젓하고 안정감은 있으나 남자친구인지 시아버지인지 구분이 안 가 심심하고 연애감정이 안 생길 가능성이 높다. 금(金)이 많은 여자친구의 경우 외모가 이쁘고 센스가 있으나 까칠하고 냉정함이 서리 같을 수도 있고, 수(水)가 많은 남자친구는 마음이 넓고 이해심은 많으나 속을 알 수가 없이 음흉한 구석이 있을 수 있다.

그러나 대부분의 사주는 여러 오행이 뒤섞여 있고 중화되어 나름의 균형을 이루고 있다. 다만 어느 한쪽으로 오행이 치우쳤을 때는 그 오행의 특성이 뚜렷이 나오게 되는데 특히 운(運)에서 해당 오행이 중첩되게 들어오면 그 특성은 더욱 강하게 발현되는 것이다.

● 오행별 연애 특성

오행 구분	장점	단점
목(木)	순수하고 맑은 기운으로 모성애를 만든다. 추진력이 강하고 조건 없이 연애한다. 연애하는 동안 늘 설레고, 처음과 같은 느낌으로 오랫동안 사랑을 하게 된다.	어린아이처럼 철이 없고, 추진력은 강해 쉽게 일을 벌이거나 말을 하지만 중도에 그만두거나 마무리가 잘되지 않는다. 책임감이 약하고, 언행일치가 안 되는 경우가 많다.
화(火)	열정적이고 표현력이 강해 연애하는 동안 행복감에 깊이 빠질 수 있다. 성격이 활달하고, 예의가 바르며 정의심이 있어 여성을 보호하려 든다. 항상 에너지가 넘친다.	심리 상태가 급격히 변화할 수 있고 급한 성격으로 싸움이 잦을 수 있다. 열정과 표현력은 자칫 분노와 폭력으로 변할 수 있다. 화(火)가 강한 사람은 급한 성격이 가장 문제일 수 있다
토(土)	안정감이 있고 한결같은 모습으로 심리적으로 편안함을 준다. 연애 상대보다는 결혼 상대로 선호하는 경우가 많다. 자신이 한 약속은 반드시 지키려는 성향이 있다.	따분하고 심심한 연애가 될 수 있다. 안정감과 편안함은 권태로운 연애로 변질될 수 있고, 다소 고집이 강하고 뒷끝이 있어 한번 싸우면 오래가는 경향이 있다.
금(金)	금(金)은 겉과 속이 같은 성질이 있는데, 신의가 있다는 의미이다. 연인 관계에서도 신뢰는 매우 중요하다. 약속도 잘 지키는 편이며 책임감도 강해 높은 연애 점수를 줄 수 있다.	금(金)은 불에 의해 변형되는 성질이 있다. 즉 다른 이성의 유혹에 취약할 수 있고, 성격이 까칠하여 연애 중에 스트레스가 많을 수 있다. 또한 한번 나쁜 기억이 생기면 잘 잊지 않는다.
수(水)	마음이 바다와 같이 넓고, 유연하여 이해심이 많고, 성격이 편안하다. 연애 기간이 가장 오래가는 오행이다. 그만큼 참고 인내하며 상대를 이해하려는 마음이 있는 것이다.	속이 깊은 만큼 그 속을 가늠할 수 없어 답답할 경우가 많다. 또 열정이 부족하고, 항상 우울한 기운이 맴돌아 연애의 설렘이 약해질 수 있다.

※ 궁합의 기본은 개인 사주이며 그 기본을 바탕으로 살펴야 한다.

　좋은 궁합이란 크게 2가지로 나눌 수 있는데 상생 관계와 보완 관계이다. 상생 관계는 일주를 기준으로 하고 보완 관계는 월주, 시주, 연주 순으로 한다. 궁합을 보는 방식도 고전과는 조금 달라져야 한다는 게 필자의 생각이다.

3. 궁합(宮合)의 분류

기존 방식에서 잘 맞지 않는 것은 과감하게 제외하고 점차 중요시되는 개인 성향 부분은 더 확대하여 적용하는 것이 매우 유용하다. 실제 현장에서 상담을 통해 부부생활을 임상해 봐도 고전 방식보다는 현대에 맞게 재구성한 것이 훨씬 적중률이 높았다.

필자는 궁합(宮合) 보는 방식을 총 7개로 나누어 살핀 다음 전체를 한눈에 감정하는 방식을 취한다.

● 궁합의 7가지 구분

1. 일간(日干) 궁합
2. 용신(用神) 궁합
3. 월지(月支) 궁합
4. 일지(日支) 궁합
5. 합(合)충(沖)궁합
6. 오행(五行) 궁합
7. 대운(大運) 궁합

● 궁합별 특성

1. 일간(日干) 궁합

일간(日干)은 나 자신이다.

부부 궁합의 경우 상대의 일간(日干)과 간합(干合)되면 '첫눈에 반했다'라는 의미가 있다.

변하는 오행이 좋고 나쁘고를 떠나서 일단 남녀 관계인데 첫눈에 반했다면 득템했다고 할 수 있다.

합(合)이 되었다고 반드시 좋은 것은 아니지만 충극(沖剋)은 무조건 좋지 않다.

그 다음 상생(相生) 관계인 것이 좋다.

예를 들어 남자가 목(木)이면 여자는 화(火)이고, 남자가 화(火)이면 여자는 목(木)인 것이 상생관계가 된다. 목생화(木生火)의 원리다(나무가 불을 살리는 형상).

반대로 상극(相剋)관계이면 안 좋은 궁합이 된다. 예를 들면 남자가 목(木)인데 여자가 금(金)이고 여자가 목(木)인데 남자가 금(金)이면 상극(相剋)관계가 된다. 금극목(金剋木)의 원리이다(도끼가 나무를 치는 형상).

이때 주의해야 할 것이 남자가 여자를 극(剋)하는 것은 조금 나쁜 정도지만 여자가 남자를 극(剋)하는 것은 매우 나쁘다는 것이다.

즉 여자가 도끼고 남자가 나무면 최악이라는 의미이다. 이때는 혼인을 재고해야 하는 첫 번째 요소로 작용한다.

● 일간이 상생(相生)되는 구조(좋은 일간궁합)

時	日	日	月
丁	乙	癸	乙
亥	卯	亥	卯

천간(天干)의 을(乙)과 계(癸)는 수생목(水生木)구조로 상생(相生)관계의 궁합이다.

● 일간이 상극(相剋)되는 구조(피해야 할 일간 궁합)

時	日	日	月
丁	甲	庚	乙
卯	辰	戌	卯

천간(天干)의 갑(甲)과 경(庚)는 갑경극(甲庚剋)구조로 상극(相剋)관계의 궁합이다.

● 일간이 합(合)되는 구조(첫눈에 반하는 일간 궁합)

時	日	日	月
丁	丁	壬	乙
未	巳	寅	卯

천간(天干)의 정(丁)과 임(壬)이 정임합(丁壬合)된 구조로 첫눈에 반하는 궁합이다. 이때 중요한 것은 변한 오행이 자신의 일간에게 도움이 되는 오행이 되었을 때 최고의 궁합이 된다는 것이다.
반대로 자신의 사주에 불필요한 오행으로 변하면 나쁜 궁합이 된다.

2. 용신(用神) 궁합

용신(用神) 궁합은 내 사주에서 절대적으로 필요한 오행을 상대가 가지고 있는지의 여부이다.

가지고 있다면 좋은 궁합이 되고 없다면 실망스러운 궁합이다.

특히 일간에 해당 오행이 있다면 상극(相剋)이라도 나쁘지 않다.

그만큼 절대오행은 중요하기 때문이다.

예를 들어 갑목(甲木) 일간 사주에 화(火)가 없는데 상대가 병화(丙火)를 가지고 있다면 용신궁합이 좋은 것이다.

즉 자신에게 가장 절실하게 필요한 오행을 상대가 강하게 가지고 있는 것이다.

사막을 헤매는 목마른 사람에게 물이 되어주는 것이 바로 용신 궁합이다.

● 용신이 서로 맞는 궁합

時	日	日	月
丁	丁	壬	癸
未	巳	子	亥

남자는 수(水)가 절실하게 필요하고 여자는 화(火)가 절실하게 필요한 경우, 이를 용신이라 하면 서로 필요한 용신을 일간 및 오행으로 가지고 있으면 용신궁합이 좋다고 한다.

3. 월지(月支) 궁합

日	月	月	年
丁	丁	壬	乙
未	亥	午	卯

남자는 해월(亥月)에 태어났고 여자는 오월(午月)에 태어났다. 서로 반대되는 계절에 태어나서 월지(月支)궁합이 좋다. 그러나 이는 절대적인 기준이 아니므로 선택적으로 사용해야 한다.

월지(月支) 대 월지(月支)를 보는 것으로 큰 의미는 없다.

겨울에 태어난 사람은 여름에 태어난 사람이 좋다는 기본 논리가 있으나 상황에 따라 다르다.

월지 궁합은 맞지 않아도 전혀 사는 데 문제가 없다.

간혹 월지 궁합이 남녀 간 잠자리 궁합이라고 하는데 근거가 없는 이야기이므로 의미가 없다.

다만 덥다면 식혀주는 것이 조후(調候)의 원리이기 때문에 상대와 반대

되는 오행을 가지고 있는 것이 유리할 수는 있다.

조후(調候)란 온도계를 의미한다. 기후를 조절한다는 의미가 있는데 한 난조습(寒煖燥濕)의 원리로 더우면 식혀 주고 차가우면 덥혀 주고 마르면 습하게 적셔 주고 습하면 마르게 해줘야 한다는 의미이다.

이 역시 균형을 찾기 위한 행위로 넓은 의미로 보면 억부(抑扶)라고 할 수 있다.

사주명리는 모든 기본 원리가 음양오행이고 음양오행은 균형이다.

4. 일지(日支) 궁합

일지(日支) 궁합은 매우 중요한 궁합으로 서로 합(合)이나 상생(相生) 관계면 좋지만 충극형살(沖剋刑殺)이 있으면 매우 안 좋다.

이는 일지(日支)가 배우자 궁(자리)이기 때문이다.

남녀궁합에서 가장 중요한 궁합이 일지 궁합이다.

일지궁합이 맞지 않으면 결혼을 심각하게 고려해야 한다.

가장 나쁜 유형에 속하며 천간까지 극(剋)에 놓여 있으면 천극지충(天剋地沖)이라 하여 최악의 궁합으로 보기도 하고 천지덕합(天地德合)이라 하여 최고의 궁합으로 보기도 한다.

◎ 천극지충(天剋地沖)은 천지덕합(天地德合)과 반대 개념으로 천간(天干)과 지지(地支)에 함께 극충(剋沖)이 발생하는 것이다.

● 천지덕합(天地德合)된 사주

時	日	月	年
丁	乙	庚	乙
亥	卯	戌	卯
천간(天干)은 을경합(乙庚合)하였고 지지(地支)는 묘술합(卯戌合)하였다.			

● 천극지충(天剋地沖)된 사주

時	日	月	年
乙	乙	辛	乙
酉	酉	卯	卯

천간(天干)은 을신극(乙辛剋)하였고
지지(地支)는 묘유충(卯酉沖)하였다.

※ 개인사주처럼 궁합에서도 천극지충(天剋地沖)은 천지덕합(天地德合)을 적용한다.

5. 합충(合沖) 궁합

일지(日支) 자리가 아니면 큰 영향은 없으나 일지(日支) 자리에 합(合)이 있으면 좋고 충(沖)이 있으면 나쁘다.

6. 오행(五行) 궁합

자기 사주에 없는 오행을 상대방이 많이 가지고 있으면 좋고 없으면 나쁘다.

7. 대운(大運) 궁합

대운 궁합은 궁합의 복병이다.
운로가 다르다는 것은 가는 길이 다르다는 것을 의미한다.
함께 사는 부부가 다른 길을 간다는 것은 이별을 의미하기 때문이다.
예를 들어 남편은 길운(吉運)인데 아내가 흉운(凶運)이라면 가는 방향이 다르다는 것이다.

실제 있었던 사례를 들어보겠다.

남자와 운로(運路)가 다른 한 여인이 명문 법대를 졸업한 남자 뒷바라지를 4년 동안 한 끝에 남자친구가 사법시험에 합격했다. 사법연수원을 마친 후 판사로 임용되었는데 이 시기부터 갈등이 생기기 시작했다. 남자의 배신도 아니고 여자의 집착도 아니었는데 여러 가지 문제가 끊임없이 발생하면서 두 사람은 결혼하지 못하고 헤어졌다.

이후에도 서로 못 잊어 다시 만났지만 또다시 헤어지고 여자는 이상한 남자를 만나 결혼 후 이혼했다. 남자는 여자에 대한 미안함으로 혼자 살다가 그녀가 결혼하고 2년 뒤에 좋은 집안의 여자를 만나 결혼하였다.

이 둘 사이에는 원한도 미움도 아쉬움도 없다. 그냥 길이 달랐던 것이다. 운(運)이 다르다는 것은 결국 가는 길이 다르다는 것을 의미한다.

누구의 잘못도 아닌 그냥 운(運)이 달랐던 것이다.

궁합(宮合)을 볼 때 대운궁합까지는 고려하지 않는 경우가 많은데 이는 잘못된 궁합감정이다.

사주에서 운(運)이 중요한 것처럼 궁합에서도 운(運)은 최고의 변수로 작용할 수 있기 때문이다. 따라서 대운이 서로 맞지 않을 경우, 그 원인을 찾아 사전에 예방할 수 있도록 정보를 제공해 주어야 한다. 예방방법은 업상대체와 봉사활동, 성격변화 습관 바꾸기 등 여러 가지가 있을 수 있다.

● 사주 말년을 보다

사주에서 말년 노년은 60세 전후가 될 것이다.

예전에는 평균 수명이 짧아서 말년을 50세 전부터 보는 경향이 있었지만, 100세 시대인 지금은 자식이 모두 출가한 후인 약 60세 정도를 말년으로 보는 것이 타당할 것이다.

그러나 수명 연장의 꿈은 실현되었지만, 경제적 능력이 없다면 장수는 악몽이 될 수도 있다는 현실에 마주하고 있다.

60세 정년퇴직 후에도 약 20~30년을 더 살아야 하기 때문이다. 예전에는 자식이 봉양하는 사회적 합의와 구조가 되어 있었지만, 지금의 50~60대 세대는 **자신은** 부모님을 봉양했지만 정작 자신은 봉양받을 수 없는 첫 세대가 되었다.

그렇다면 이들의 말년과 노년의 행복은 무엇으로 어떻게 보장할 수 있겠는가.

그것은 경제력과 건강이다. 이 2가지가 노년을 행복하게 보낼 수 있는 기준점이 된 것이다.

예전에는 자식이 잘되는 것이 노년의 행복과 직결되었지만 지금은 아니란 의미이다.

그래서 행복한 노년을 위해서는 미리 대비하고 준비해야 한다. 사주에서 말년 운은 태어난 시(時)와 말년 대운(大運)으로 감정한다.

*세상에 존재하는 모든 간지(干支)는 60개이다.

갑자(甲子)부터 계해(癸亥)까지 한 바퀴를 돌면 다시 갑자(甲子)로 돌아온다.

이를 회갑(回甲)이라고 한다. 즉 갑(甲)이 돌아왔다는 의미이다.

원래 생명은 120세로 설계되어 60갑자(甲子)를 두 번 거칠 수 있다고 한다.

그러나 여러 가지 요인으로 60세를 못 넘기는 경우도 많다.

우리가 60년을 살았다는 의미는 세상에 존재하는 모든 간지(干支)를 경험해 봤다는 의미이다.

말년을 행복하게 보낼 수 있는 원동력은 재물과 건강, 지혜가 아닐까 생각해 본다.

● 육십갑자(六十甲子)표

육십갑자(六十甲子)

갑자(甲子) 을축(乙丑) 병인(丙寅) 정묘(丁卯) 무진(戊辰) 기사(己巳)
경오(庚午) 신미(辛未) 임신(壬申) 계유(癸酉) 갑술(甲戌) 을해(乙亥)
병자(丙子) 정축(丁丑) 무인(戊寅) 기묘(己卯) 경진(庚辰) 신사(辛巳)
임오(壬午) 계미(癸未) 갑신(甲申) 을유(乙酉) 병술(丙戌) 정해(丁亥)
무자(戊子) 기축(己丑) 경인(庚寅) 신묘(辛卯) 임진(壬辰) 계사(癸巳)
갑오(甲午) 을미(乙未) 병신(丙申) 정유(丁酉) 무술(戊戌) 기해(己亥)
경자(庚子) 신축(辛丑) 임인(壬寅) 계묘(癸卯) 갑진(甲辰) 을사(乙巳)
병오(丙午) 정미(丁未) 무신(戊申) 기유(己酉) 경술(庚戌) 신해(辛亥)
임자(壬子) 계축(癸丑) 갑인(甲寅) 을묘(乙卯) 병진(丙辰) 정사(丁巳)
무오(戊午) 기미(己未) 경신(庚申) 신유(辛酉) 임술(壬戌) **계해(癸亥)**

※ 사주의 깊이는 인문학적 채움에서 나온다.

사주의 깊이는 다양한 인문학적 공부를 통해 만들어진다.

사주공부에서 최우선 선택해야 할 훌륭한 스승은 4대성인(聖人)과 그의 제자 분들이다.

이들의 학문적 철학적 깊이는 이미 2500년간 검증되었고 보편적인 진리가 담겨져 있다.

인류 최고의 유산인 이들보다 더 뛰어난 스승은 없다.

그리고 사주학의 기본인 『적천수』, 『자평진전』, 『궁통보감』, 『명리약언』 등의 고전을 보는 것이 좋다.

사실 이 방법은 사주공부의 효율적인 면에서는 매우 어리석은 방법일지도 모른다. 그러나 최대의 장점은 절대 무너지지 않는 학문적 깊이가 생긴다는 것이다.

필자의 경우 이 무식한 방법으로 사주 공부를 하였다.

『논어』, 『맹자』, 『대학』, 『중용』 4서를 필두로 『주역』, 『도덕경』, 『장자』, 『법구경』, 『수타니 파타』, 『금강경』, 『반야심경』, 소크라테스부터 실존주의까지 이해될 때까지 무한 반복하여 읽고 또 읽었다.

이후 사주에 관한 책을 보았기 때문에 남들보다는 조금 더 이해가 빨랐고 깊이가 있게 되었다. 이 방법은 본질이 왜곡될 염려가 없다는 것이 가장 큰 장점이다.

하지만 너무 오랜 시간이 걸린다는 것이 단점이기도 하다.

선택은 개인의 몫이다.

그러나 한 가지 명심해야 할 것은 남의 운명에 대한 진단은 매우 어렵고도 중요한 일이며 돌이킬 수 없는 상황이 될 수 있는 위험한 일이란 것이다.

상담을 하면서 늘 안타까운 것은 잘못된 방향으로 이미 너무 많이 간 분들을 보는 것이다.

10대 아니 20대에 이분이 자신의 사주를 알고 그에 맞게 살았다면 지금보다 훨씬 행복한 삶을 살고 있을텐데 하는 아쉬움이다.

50대, 60대의 상담의뢰자께는 해 줄 말이 그리 많지 않다.

이미 너무 많이 와버렸기 때문이다.

아무리 100세 시대이고 인생은 60세부터라는 말이 있지만 그것은 말 그대로 말일 뿐이다.

사주는 대학입시보다 더 중요한 공부일지도 모른다.

사주에는 인생과 미래를 설계 할 수 있는 가장 명확한 근거와 자료가 담겨져 있기 때문이다.

4. 미인은 최고의 권력이다

이 세상에서 가장 강한 권력은 "여성의 미모"가 아닐까?
경국지색(傾國之色)이란 사자성어는 매우 적절한 의미가 있다.
어째서 여성의 미모는 최고의 권력이 될 수 있을까?
모든 남자는 가장 아름다운 여인을 소유하고 싶어 한다.
그것은 남자의 양(陽)의 속성으로 본능적인 것이다.

그래서 남자의 권력의 상징은 재성이 된다.
재성은 돈과 여자를 의미한다.
중국에서 나라를 망할게 할 만큼 아름다운 여인은 모두 4명이 있는데 이를 중국 4대 미녀라 부른다. **서시, 왕소군, 초선, 양귀비이다.**

연대순으로 정리하면 다음과 같다.
춘추시대의 서시.
그 유명한 와신상담(臥薪嘗膽)의 고사를 만들어낸 1등 공신이다.
오나라와 월나라의 전쟁에서 승패를 좌우한 가장 큰 요인이 여인이다.
빨래하다 나라를 망하게 했다고 해서 더욱 유명하다.

또 길을 지나가던 서시가 얼굴을 씻기 위해 강에 얼굴을 비치니 그 얼굴이 너무 아름다워 물고기가 헤엄치는 것조차 잊은 채 물 속으로 가라앉았다는 침어(沈魚) 전설도 있다.
물고기가 물에 빠져 죽을 정도면 그 미모가 얼마나 대단했을지 가히 짐작된다.
이후 서시는 범려에 의해 죽임을 당했다는 설과 스스로 목숨을 끊었다는 설 등 여러 이야기가 있으나 해피엔딩으로 끝나지 않은 것으로 추측된다.

한(漢)나라의 **왕소군**

한(漢)나라 황제인 원제(元帝)는 호색가였다.

대궐에 있는 궁녀들도 부족하여 전국에 후궁을 모집한다는 조서를 내렸는데 건소(建昭) 원년(B.C. 38년), 전국 각지에서 선발된 궁녀들의 수가 수천 명에 이르렀다.

이때 미모의 왕소군도 입궁하였다.

황제는 수천 명에 이르는 궁녀들의 신상을 일일이 파악할 수 없었기 때문에 화공(畵工)인 모연수(毛延壽)에게 궁녀들의 초상화를 그려 바치게 했다.

그런데 모연수가 가난했던 왕소군이 뇌물을 주지 않자 고의로 못생기게 그려 황제의 분노를 사 참수당한다. 왕소군의 나이 23세 때 일이다.

그녀는 황제의 명에 따라 남흉노의 호한야(呼韓邪) 선우(흉노족 왕의 호칭)와 정략 결혼한다.

원래 황제 원제는 자기 딸인 공주를 호한야(呼韓邪)에게 주려 하지만 호한야(呼韓邪)는 궁녀인 왕소군을 원하여 아무리 황제라도 먼저 한 약속을 지킬 수밖에 없었다.

이후 호한야(呼韓邪)가 죽은 뒤 그의 아들이 그녀를 다시 취한다.

황제의 궁녀에서 흉노족의 여자로, 다시 그의 아들의 여자로 변신한 것이다.

당연히 황제의 분노는 화공(畵工)인 모연수(毛延壽)에게 돌아간다.

그 유명한 '춘래불사춘(春來不似春)'의 주인공이 왕소군이다.

다음은 당나라 시인 동방(東方)의 **'춘래불사춘(春來不似春)'이다.**

　　호지무화초(胡地無花草)

　　-오랑캐 땅이라 한들 화초마저 없겠느냐?

　　춘래불사춘(春來不似春)

　　-(왕소군이 없는 곳엔)봄이 와도 봄 같지 않네.

　　자연의대완(自然衣帶緩)

　　-옷에 맨 허리끈이 절로 느슨해지니

　　비시위요신(非是爲腰身)

　　-가느다란 허리 몸매를 위함은 아니라오

춘래불사춘(春來不似春)이란 왕소군이 없는 땅엔 봄이 와도 봄 같지 않다는 것으로 그녀의 미모를 최고로 칭송한 것이다.

　　후한시대의 (삼국지) 초선.

　　초선은 후한 말 그 유명한 위오촉 삼국시대에 동탁과 여포의 사이를 갈라놓아 그 세력을 파괴한, 한나라 충신 왕윤의 양녀이다. 나관중의 『삼국지』에 따르면 그녀의 미모에 부끄러워 달도 그 얼굴을 가렸다고 하는데 서시의 침어(沈魚)전설과 비슷한 수준이다. 처음에는 동탁(董卓)의 여인이었다가 여포(呂布)로 하여금 동탁을 죽이게 한 후 여포의 여인이 되었지만, 여포는 금세 조조에게 죽임을 당한다.

　　이후 생사가 불분명한데 삼국지 최고의 무장 여포를 삼국지 초반에 죽게 한 요부라고 할 수 있다.

　　실제 사서에는 없는 『삼국지연의』에 나오는 가상의 인물이란 설이 유력하다.

당(唐)나라 양귀비

눈동자를 돌리며 한번 웃으면 백 가지 애교가 철철 넘쳐
서,(回眸一笑百媚生)육궁의 단장한 미녀들,
모두 낯빛을 잃어버렸네.(六宮粉黛無顔色)

-백거이 '장한가' 중에서

양귀비는 당나라 현종의 며느리이자 후궁이다.

현종의 아들 수왕의 비(妃)였으나 너무 아름다워 본인이 데리고 살았다.

원래 며느리인 양귀비를 자신의 후궁으로 바꿔 들인 것이다.

그러나 이 모든 것은 환관과 양귀비의 계략이었다.

권력을 손에 쥐기 위해 의도적으로 현종에서 접근했던 것이다.

온갖 권력을 맛보았던 그녀도 안록산의 난으로 피난 가던 도중 결국 현종에 의해 자결하라는 지시를 받고 스스로 목숨을 끊는다.

이후 **당**(唐)나라는 급속히 국운이 쇠퇴하고 멸망에 이른다.

당(唐)**나라는 중국역사에서 르네상스를 연 가장 문화적 경제적으로 번성했던 국가였다.**

인간의 본능은 아름다운 것을 소유하려고 한다.

인간은 갖고 싶은 대상이 생길 때 걷잡을 수 없이 욕망이 커지는데 특히 남자의 양(陽)의 속성은 확장성을 지니고 있기 때문에 자신의 분신을 확장할 수 있는 여인에 대한 집착이 커지는 것이다.

남자에게 여자는 자신의 마지막 퍼즐을 채워 줄 마지막 퍼즐 조각이다.

세상을 정복한 남자도 여인의 품 안에서 안식을 얻는 이유가 바로 이 때문이다.

양(陽)의 가치는 음(陰)에 의해 드러나는 것이다. 빛은 어둠 속에서 가치가 있는 것과 같다.

남자가 아름다운 여자를 얻기 위한 투쟁은 내 가치를 높이는 일인 것이다.

미인은 최고의 권력이 된다.

역사를 통해 이미 입증된 미인=권력은 현대사회에서도 적용된다.

여인의 아름다운 미모는 최고의 무기이자 경쟁력이 될 수 있다.

외모지상주의를 인정 선호하는 것이 아닌 인간의 심리를 설명하고자 함이다.

중국의 4대 미인 외에도 역사를 통해 여자의 미모가 권력이 되는 과정을 수없이 보았고 앞으로도 보게 될 것이다.

여기서 중요한 것은 여자의 아름다움을 가치 있게 만드는 것은 남자에 의해서라는 것이다.

아무리 반짝이는 보석이라도 흙 속에 묻혀있으면 가치가 없는 이치이다.

이 세상에 아름다운 여인보다 더 아름다운 것은 존재하지 않는다.

사주는 인생의 일기예보이다.

5월은 정사(丁巳)월이다.
온 세상이 활활 타오르는 형상이다.
감춰져 있던 것들이 모두 드러나는 계절이다.
가정의 달인 5월은 정사(丁巳)처럼 자신을 드러내고, 상대를 드러내고 상처가 있다면 치유할 수 있는 시간을 만들어줘야 한다.

평소에는 밝았던 가족이나 친구가 오늘은 색다르게 말없이 술잔만 비우고 있으면 오늘은 내 이야기보다는 그의 이야기를 들어주어야 한다.
만일 그가 말하지 못하고 머뭇거린다면 재촉하지 말고 그의 눈을 보고 웃어주는 것만으로도 큰 위안이 될 것이다.

사람의 마음은 날씨와 같다.
늘 변화하고 움직인다.
겉보기에 아무리 밝았던 사람도 그 속은 알 수가 없다.
그러나 변화를 감지할 수 있는 관심이라는 센서가 우리에게 있다.

누군가를 사랑한다는 것은 '관심'이 생겼다는 의미이다.
관심의 반대말은 무관심이 아닌 사랑하지 않는 것일 수도 있다.
우리가 행복해지기 위해서는 관심과 존중을 받고 있다는 느낌이 들어야 한다.
인간은 사회적 동물이고 사랑 없이는 살 수 없는 존재이다.

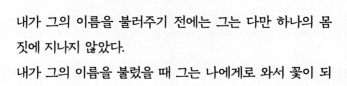

내가 그의 이름을 불러주기 전에는 그는 다만 하나의 몸
짓에 지나지 않았다.
내가 그의 이름을 불렀을 때 그는 나에게로 와서 꽃이 되
었다.

-김춘수 님의 '꽃' 중에서-

아무 말 없이도 내 외로움을 덜어줄 수 있는 사람.
내 슬픔과 고통을 나눌 수 있는 사람.
친구란 인디언 언어로 '내 슬픔을 등에 지고 가는 자'이다.
우리는 모두 누군가의 관심과 사랑을 받고 싶어 한다.
특히 여자에게 사랑은 전부이다.
이 세상에서 가장 슬픈 여자가 잊힌 여자라는 말은 가슴 깊이 울림이
있는 말이다.

무술년 정사월 **최재현**